公路工程
磷石膏泡沫轻质土制备技术

周应新 许 斌 路凯冀 高奥东 李志清 著

中国建筑工业出版社

图书在版编目（CIP）数据

公路工程磷石膏泡沫轻质土制备技术 / 周应新等著.
北京：中国建筑工业出版社，2025.1. -- ISBN 978-7
-112-30882-8

Ⅰ. U414.9

中国国家版本馆 CIP 数据核字第 2025H2R094 号

责任编辑：李玲洁
版式设计：锋尚设计
责任校对：张惠雯

公路工程磷石膏泡沫轻质土制备技术

周应新　许　斌　路凯冀　高奥东　李志清　著

*

中国建筑工业出版社出版、发行（北京海淀三里河路9号）
各地新华书店、建筑书店经销
北京锋尚制版有限公司制版
建工社（河北）印刷有限公司印刷

*

开本：787毫米×1092毫米　1/16　印张：6¼　字数：135千字
2025年4月第一版　　2025年4月第一次印刷
定价：**40.00**元
ISBN 978-7-112-30882-8
　　（44585）

前　言

磷石膏作为一种在磷肥生产过程中产生的副产品，其大量堆积不仅占用土地资源，还可能对环境造成污染。因此，在《关于"十四五"大宗固体废弃物综合利用的指导意见》的政策背景下，为响应国家对环境保护和资源循环利用的号召，通过研究磷石膏在公路工程中的综合利用，可以推动磷石膏泡沫轻质土技术及相关路用技术在公路工程中的应用，实现工业固体废弃物（以下简称固废）磷石膏减量化、资源化、无害化和再利用，从而实现节约天然材料使用，解决工业固废堆存带来的环境污染问题，提高资源综合利用率和生态环境保护水平。

中路高科（北京）公路技术有限公司是交通运输部公路科学研究院所属的全资公司，于 2019 年被认定为公路建设与养护新材料技术应用交通运输行业研发中心，研发方向为新能源、新材料、新装备在交通运输领域的应用。本书从工业固废磷石膏的原材料特性、预处理方法、路用改性技术，以及泡沫轻质土配合比设计、泡沫轻质土制作工艺、其他路用磷石膏技术等方面，对其在公路工程中的综合利用进行了详细讨论。第 1 章绪论，对磷石膏作为工业固废的定义、分类及其在全球范围内的综合利用现状进行介绍，重点讨论了磷石膏在公路工程中的综合利用情况和影响磷石膏资源化利用的主要因素。第 2 章原材料分析及磷石膏预处理，论述了磷石膏作为原材料的基本特性、磷石膏的预处理和热处理工艺以及添加剂对磷石膏物理性能的影响。第 3 章磷石膏路用改性技术，系统研究了物理球磨、热处理以及化学改性剂对磷石膏性能的影响，重点分析了不同改性方法对磷石膏路用性能的改善效果，包括提高其强度、稳定性和耐久性。第 4 章磷石膏水泥泡沫轻质土，详细介绍了磷石膏水泥泡沫轻质土试验材料、方法以及泡沫轻质土的性能指标，分析了成型质量、固化剂选择以及磷石膏掺量对泡沫轻质土物理和力学性能的影响，通过研究泡沫轻质土的成型效果和微观结构，分析其机理特征。第 5 章磷石膏水泥矿物掺合料泡沫轻质土，深入探讨了磷石膏与微硅粉、矿渣粉等矿物掺合料的配合比，以及这些材料对泡沫轻质土湿密度和力学性能的影响，通过对比分析不同矿物掺合料的效果，选择合理矿物掺合料有效改善泡沫轻质土的物理和力学性能。第 6 章磷石膏矿渣粉泡沫轻质土，系统分析了原材料和制备参数对泡沫轻质土基本物理及力学性能的影响，重点研究了不同原材料配比和制备条件如何影响泡沫轻质土的性能，并探讨了其矿物成分与微观结构。第7章其他路用磷石膏技术，探讨了磷石膏在混凝土预制构件和水泥稳定基层技术中的应用，详细介绍了磷石膏混凝土预制构件的制备工艺及其性能特点，同时分析了水泥稳定磷石膏基层的施工技术和经济优势。

本书在写作和研究过程中得到了众多专家学者、同行的大力支持，书中内容属于科研共同取得的成果。在此，特别感谢各位同行在实体工程施工过程中提出的宝贵意见，感谢北京新桥技术发展有限公司、中路高科（北京）公路技术有限公司的曹朋辉、于蕾、李征、姜涛、张家豪、张灿、陈朝梃等研究人员在理论分析、实验研究及本书统稿中付出的辛勤劳动。

本书可供公路工程设计、施工、监理和科研人员，以及建筑材料、环境工程等相关领域的专业人士和学者参考，由于作者学识水平的局限，书中论述难免有不尽之处，望广大读者不吝指正！

目　录

第 1 章

绪　论

1.1　背景

1.1.1　磷石膏的来源

磷石膏是磷化工企业在硫酸法萃取磷酸过程中排出的工业废渣，当用硫酸和磷矿石反应生成磷酸时就会产生磷石膏，反应方程式如下：

$$Ca_5(PO_4)_3F + 5H_2SO_4 + 10H_2O \rightarrow 3H_3PO_4 + 5CaSO_4 \cdot 2H_2O + HF$$

湿法生产 1t 磷酸就会副产出 4.5~5.5t 磷石膏。随着磷化工业的发展，将会产生大量的磷石膏，磷石膏的排放量呈逐年大幅递增趋势。我国是磷肥生产大国，同时也是磷石膏排放大国。据中国磷复肥工业协会统计，目前全国磷石膏排放量为 8000 万 t，加之历年堆积未处理的磷石膏，总量已超过 5 亿 t。并且随着磷肥工业的快速发展，产排量会逐年增大。一般企业对未经处理的磷石膏作堆放处理，长时间的堆放处理将对环境造成严重危害。

1.1.2　磷石膏的特性

磷石膏的主要成分是 $CaSO_4 \cdot 2H_2O$，又称"二水石膏"或"生石膏"，也是天然石膏的主要成分。同时因其组分中含有一定量的不同形态的磷，故称"磷石膏"，同时还含有磷、氟、二氧化硅以及有机物等少量有害杂质，呈酸性，pH 通常在 4.5 以下。因其含有杂质，外观颜色一般为白黄色、白灰色或黑灰色。磷石膏中 $CaSO_4 \cdot 2H_2O$ 含量较大，在 175℃左右时会失去部分结晶水转变为半水石膏，在 200℃左右时会失去所有结晶水而转变为无水石膏。

1.1.3　磷石膏的危害

磷石膏中含有的可溶性磷和氟随着降水汇入地表水，渗入土壤和地下水，造成水资源和土壤污染。磷石膏含有的少量放射性元素，如铀、镭及其衰变产物，长期随意堆放的磷石膏对周围动植物会产生持续的放射性污染。在气候干燥的条件下，磷石膏中的酸性物质挥发产生刺激性的气味和粉尘还会造成空气污染。磷石膏的堆放处理不仅占用大量土地资源，而且造成污染环境，解决磷石膏的利用问题迫在眉睫。

1.1.4　磷石膏中杂质及其影响

磷石膏与天然石膏的最大不同在于磷石膏中含有某些杂质，而这些杂质对磷石膏的有限利用造成了不同程度的影响。纯净的磷石膏是纯白色的，但通常因含有杂质而呈现深灰色。由于磷石膏含有 Ra 和 Th 等放射性元素，具有一定的放射性。同时其含有酸性物质，呈现较强的酸性。上述因素造成磷石膏难以被利用，磷石膏的堆存不仅占用大量土地，耗费大量资金，而且随着时间的推移，磷石膏中可溶性的 P_2O_5、F 等杂质随着雨水浸出产生酸性废水，造成土壤、水系、大气的污染，引发严重的生态危害。存在于磷石膏中的杂质一般可分为可溶性杂质和不溶性杂质两大类。可溶性杂质主要是 P_2O_5、一些硫酸盐以及溶解度较低的氟化物。不溶性杂质一般是一些难溶性的惰性物质。根据杂质对磷石膏性能的影响，磷石膏中的杂质可以分为以下四类：

1. 磷

磷石膏中最主要的有害杂质就是磷，它也是对磷石膏及其制品性能产生不利影响的主要因素。可溶磷、共晶磷、难溶磷是磷在磷石膏中的三种存在形态，对磷石膏性能影响最大的是可溶磷。

存在于磷石膏中的可溶磷是磷酸在水溶液中电离产生的。由于磷酸的电离，水溶液会生成 H_3PO_4、$H_2PO_4^-$、HPO_4^{2-}、PO_4^{3-} 四种形态的含磷物质，因 PO_4^{3-} 的含量很低，故 H_3PO_4、$H_2PO_4^-$、HPO_4^{2-} 是磷石膏中的可溶磷的三种主要的存在形态。可溶磷在磷石膏中的含量一般为 0.1%。磷石膏颗粒中的可溶磷的含量各不相同，通常情况下，磷石膏颗粒粒径越大，可溶性磷的含量就越高。可溶磷容易被表面力所吸附，散布在二水石膏晶体的表面上。当石膏水化时，可溶磷可与活性较强的 Ca^{2+} 反应生成 $Ca_3(PO_4)_2$，此类难溶物存在于石膏表面之上，能够影响石膏的持续溶解与水化，从而增加磷石膏及其制品的凝结时间，并且使硬化体的致密度下降、机械强度降低。

共晶磷是由于一些 $H_2PO_4^-$ 同晶取代部分 SO_4^{2-} 进入 $CaSO_4$ 晶格而形成的，并在磷石膏中以 $CaSO_4 \cdot 2H_2O$、的共结晶体形式存在。共晶磷的含量约为 0.2% ~ 0.8%，并且磷石膏颗粒粒度增大，共晶磷的含量就越降低。在水石膏化过程中，共晶磷能够从晶格中溶出，可以跟溶液中活性较强的 Ca^{2+} 发生化学反应，生成难溶的 $Ca_3(PO_4)_2$ 阻碍磷石膏的溶出和水化，像可溶磷一样，也可以使二水石膏凝结时间延长、晶体粗化、硬化体强度降低。共晶磷对磷石膏的影响与可溶磷类似，但其影响程度比可溶磷要小。

难溶磷的化学组分主要为 $Ca_3(PO_4)_2$，含量一般为 0.6% ~ 1.4%。难溶磷通常存在于尺寸较大的磷石膏颗粒中，对磷石膏及其制品的性能基本没有影响[1]。

2. 氟

对磷石膏及其制品性能有较大影响的另一种杂质就是氟。氟来自生产磷酸或者磷肥所采用的原料磷矿石。在生产过程中，磷矿石中 20% ~ 40% 的氟会进入废渣中，进而转移到磷石膏中。磷石膏中的氟有两种存在状态：一种是可溶性氟，它的主要组分是 NaF；另一种是难溶性氟，主要是 CaF_2、Na_2SiF_6 等物质。当可溶性氟的含量很少时，它对磷石膏的性能没有较大影响。当它的含量大于 0.3% 时，可溶性氟会显著降低磷石膏的强度。难溶性氟有惰性，一般对磷石膏的性能没有影响。

3. 有机物

磷石膏中的有机物主要是乙二醇甲醚乙酸酯、异硫氰甲烷、3-甲氧基正戊烷等物质。通常情况下，磷石膏颗粒的粒径越大，有机物的含量就越多。这些有机物一般分散在石膏晶体的表面，它们的存在会降低石膏及其制品结构的致密性，凝结时间增长，最终机械强度也随之降低。

4. 其他杂质

磷石膏中还含有硅、镁、铝、铁和碱金属盐等杂质，以及一些放射性元素。硅具有惰性，对磷石膏的强度没有影响。磷石膏中的碱金属盐可能会使磷石膏制品产生粉化、泛霜等现象。存在于磷石膏内的放射性元素的辐射性一般都被控制在安全范围内，不会影响其资源化利用。

1.1.5　磷石膏的资源化利用

磷石膏的无害化处置和资源化利用是当前固废综合利用的重要任务，对于保护环境、节能减排及固废综合利用都具有重大意义。2021 年 3 月 18 日，国家发展改革委、科技部、生态环境部等 10 部门联合印发《关于"十四五"大宗固体废弃物综合利用的指导意见》，提到当前磷石膏利用率仍较低，存在较大的生态安全隐患，应大力推进其源头减量、资源化利用和无害化处置，力求到 2025 年，磷石膏等工业副产石膏的固废综合利用率达到 60%，存量有序减少。因此磷石膏资源化利用问题迫在眉睫，应加快磷石膏资源化利用步伐。

绝大部分磷石膏露天堆置，不仅侵占了大片土地，且可溶性磷、氟、有机物和少量的砷、镉、汞等有害重金属随雨水浸出，产生酸性废水，引起土壤、水系、大气的严重污染，给人类的生存环境造成危害。面对资源约束趋紧、环境污染严重、生态系统退化的严峻形势，我国当下高度重视生态文明建设，已经把可持续发展提升到绿色发展高度。

目前，针对磷石膏的资源化利用和大宗应用，主要集中在以下几个方面：改性后代替天然石膏，用作水泥生产用调凝剂；脱水后得到半水石膏，用于制备石膏板等；作为原料，用于生产硫铝酸盐水泥、硫酸联产水泥，或经 800℃ 以上煅烧后，得到无水石膏，用于制备无水石膏水泥；作为充填骨料，用于矿山采空区的充填；作土壤改良剂，改良酸碱土壤；作为筑路材料，用于露天停车场和公路路基。尽管磷石膏的利用途径很多，但受多方面因素的影响，以上利用方法均未得到大幅度推广和应用。我国大部分磷化工企业的副产磷石膏利用率仍然很低，目前磷石膏利用率仅为 36% 左右，提高磷石膏在产品应用中的消耗量，进一步扩充其应用范围，显得非常重要和迫切。

随着道路交通运输量的迅速增长，路基路面工程的病害增多，养护维修任务繁重，路基病害处理时普遍存在差异沉降、软土地基处理等问题，亟需同时满足路面强度和经济性要求的填筑材料。泡沫轻质土作为一种新型建筑材料，因其具有轻质性、密度和强度可调节性、高流动性、自立性等优良特性，可以很好地控制路基沉降、减少施工成本和降低后期养护运营成本，被广泛应用于公路路基回填、挡土墙台背回填等工程领域。在实际工程中，泡沫轻质土往往以水泥为主体材料，掺量较大，存在污染重、能耗高等问题。因此，针对公路工程建设研制高性能环保泡沫轻质土的工作迫在眉睫。采用磷石膏作为泡沫轻质土的主体材料，既减少了胶凝材料的用量，又实现了磷石膏的资源化利用，具有显著的经济效益和社会效益。

在这种背景下，提高磷石膏在产品应用中的消耗量，进一步扩充应用范围，显得非常重要和迫切。针对磷石膏的工程特性，深入研究磷石膏作为主要基材，在泡沫轻质土中的应用技术，解决高速公路建设工程中材料匮乏以及磷石膏的规模化利用问题，具有非常显著的经济社会和环境效益，既能节约工程成本，又可以保护生态环境，具有重要的现实意义。

1.2 磷石膏的综合利用现状

近年来，随着我国经济的高速发展，"三废"即废水、废气和固体废弃物的治理力度加强，对磷石膏的资源化利用也越来越受到重视。《财政部 税务总局关于资源综合利用增值税政策的公告》公告中表明了对磷石膏资源化利用采取的政策支持，有关磷石膏的二十几种产品均可以享受增值税即征即退政策，退税的比例高达70%。例如石膏砌块、石膏板材、石膏砂浆、石膏墙板、石膏粉、石膏水泥缓凝剂以及石膏煅烧熟料等新型产品。这些政策无疑带动了企业的积极性，促进磷石膏使用量的大幅度增加，有利于缓解磷石膏为环境、企业带来的巨大压力。"十三五"规划中明确提到，要以拓宽磷石膏的资源化利用领域为核心，加快、加大对磷石膏的使用。云南省政府要求，力争在2025年固体废弃物的利用率达到56%。目前磷石膏的应用领域主要在水泥、建材、化工、农业等行业，其中以水泥行业和建材行业的应用占比较大。

1.2.1 水泥行业的应用

1. 水泥缓凝剂

我国是第一个使用天然石膏的国家，天然石膏的85%可用于制备水泥缓凝剂。中国的水泥产量巨大，水泥缓凝剂为磷石膏替代天然石膏提供了市场支持。结果表明，利用磷石膏替代天然石膏可以在不降低水泥强度的前提下，降低水泥的生产成本。在水泥制备过程中加入3%~5%的磷石膏可以延长水泥的凝结时间，消除水泥的收缩性，使水泥的初始强度发展更快，长期强度更高，抗硫酸盐腐蚀能力更强。已有研究表明，磷石膏可替代天然石膏作为缓凝剂用于水泥生产中，但磷石膏直接用于水泥生产时的主要问题是：磷石膏中含有的少量可溶性磷和氟等杂质会造成水泥凝结时间过长，同时磷石膏中残留硫酸、磷酸和可溶性 P_2O_5 等使磷石膏呈酸性，会破坏水泥水化初期形成的结构骨架，造成水泥早期强度降低，因此磷石膏必须经改性处理后方可用于水泥生产。对磷石膏进行处理，去除影响水泥质量的磷酸盐、氟化物、有机成分等杂质。

白明科研究了生石灰和快凝增强无机盐改性对磷石膏水泥调凝剂性能的影响，结果表明，生石灰中和改性磷石膏作为水泥调凝剂，与天然石膏相比其凝结时间仍偏长 40min 左右，水泥 3d 抗压强度偏低 2MPa。生石灰和快凝增强无机盐两种材料复合改性磷石膏作为水泥调凝剂，其性能与天然石膏相当。

赵红涛等研究了水洗、硫酸酸洗以及硫酸酸洗耦合溶剂萃取三种磷石膏净化除杂方法的除杂效果，结果表明，磷石膏表面黏附的少量可溶性磷、镁化合物以及部分可溶性含硅、氟的化合物可采用水洗去除，而磷石膏中几乎全部含有可溶性硅、铝、铁、氟、钾等杂质元素的化合物可采用硫酸酸洗去除。在水洗和酸洗过程中，磷石膏中的二水硫酸钙均经历了溶解再结晶成无水硫酸钙的晶型转变过程，并且在硫酸体系中可有效加快其晶型转变速率。此外，在硫酸酸洗过程中添加磷酸三丁酯，不仅可有效脱除磷石膏中的石英、硫化亚铁、无机炭黑等酸性、不可溶性杂质，还可以有效脱除溶解度较小的氟硅酸钾和带结晶水的氟化铝等杂质。

冯恩娟等研究了由煅烧明矾石、生石灰、偏硅酸钠和甘油配制成的改性剂对磷石膏的改性效果，结果表明，在改性剂掺量为 3% 时，可溶性磷基本消除，可溶性氟含量降低 77%。掺入改性磷石膏的水泥 3d、28d 强度高于掺入天然石膏的水泥。微观分析显示，磷石膏经改性后，杂质减少，晶型更为完整。

谭明洋等研究了电石渣中和并煅烧改性磷石膏用作水泥缓凝剂的性能，结果表明，掺入电石渣可使磷石膏得到有效中和，使可溶性磷氟变成难溶性物质。经电石渣中和并在 400℃下煅烧 1h 的磷石膏，作水泥缓凝剂的应用性能与天然石膏无异，且对增加水泥强度有一定的促进作用，而常见水洗 + 石灰中和处理磷石膏水泥凝结时间较天然石膏明显延长。

潘群雄等研究了煅烧改性对磷石膏水泥调凝剂性能的影响，结果表明，将磷石膏经过 730℃煅烧后，可消除可溶磷的不良影响，能代替天然石膏作水泥缓凝剂，且具有显著的增强效果。其机理是磷石膏经高温煅烧，简单磷酸盐缩合成多聚偏磷酸盐玻璃体，消除了可溶磷对水泥性能的不良影响。多聚偏磷酸盐玻璃体是水泥的分散剂，有利于提高水泥浆体的流动性、密实度。煅烧磷石膏内部结构缺陷增加，提高了活性，使硫酸盐激发效应增强，因此可显著提高硅酸盐水泥的早期和后期强度。

杨淑珍等研究了磷石膏的化学组成、矿物结构以及磷石膏直接用于水泥的危害，并采用添加工业废渣（碱性钙质材料、晶种增强材料）的方法对磷石膏进行改性，结果表明，添加的碱性钙质材料可以中和磷石膏中的可溶磷并使之转化为难溶的磷酸钙，同时，碱性钙质材料也有粘结作用。掺入的晶种增强材料，其反应物对磷石膏可以起到固化增强作用，且可以作为水泥水化的晶种，加速水泥的水化，提高早期强度。

吴道丽对比了磷石膏与天然石膏的化学组成，并采用水洗、石灰中和、煅烧三种预处理方法对磷石膏进行改性研究。结果表明，水洗磷石膏用作水泥缓凝剂，较天然石膏凝结时间有所延长，3d 强度略有降低但幅度不大，基本可代替天然石膏。但是，水洗工艺投入大，能耗高，污水需处理才能排放；石灰中和磷石膏用作水泥缓凝剂，较天然石膏凝结时间略有延长，3d 强度稍有降低，但 28d 强度略有提高，其性能与天然石膏相当；经中和然后 800℃煅烧的磷石膏用作水泥缓凝剂，与天然石膏凝结时间相近，3d 及 28d 强度较天然石膏有较大幅度提高。

Taher 研究了在 200℃、400℃、600℃和 800℃不同温度下热处理的磷石膏替代天然石膏制备矿渣硅酸盐水泥对性能的影响，并通过游离钙和化学结合水的测定研究了水泥浆体的水化动力学过程。结果表明，经过热处理的磷石膏中磷酸盐、氟和有机质的含量减少，矿渣硅酸盐水泥中添加 6% 的 800℃下煅烧处理的磷石膏，可提高水泥的水化性能。

Manjit Singh 等发现用浓度为 5%～22% 的氨水溶液处理磷石膏，可明显降低磷石膏中磷、氟等杂质。在后续研究中，Manjit Singh 等通过筛分和离心分离的方法提纯磷石膏，通过 300μm 筛的磷石膏细颗粒中杂质含量明显下降，P_2O_5 由 1.28% 下降到 0.41%，氟化物由 1.8% 下降到 0.57%，有机物含量由 1.58% 下降到 0.34%，离心分离结果与筛分结果相似。此后，Manjit Singh 等指出用浓度为 3%～4% 的柠檬酸水溶液替代氨水溶液处理磷石膏，磷石膏中的磷酸盐、氟化物和有机物等杂质可全部溶解并去除，处理后的磷石膏与天然石膏性质相同，可替代天然石膏用于普通硅酸盐水泥和矿渣硅酸盐水泥制造，处理后的磷石膏还可用于制造石膏灰浆等石膏类建筑材料。

Altum 的研究表明，磷石膏中大部分杂质都分布在粒径为 160μm 以上和 25μm 以下的磷石膏中。粒径在 160μm 以上的颗粒中主要富集了磷、氟等杂质，而有机物则主要富集在粒径小于 25μm 的磷石膏颗粒中，通过将一定细度的颗粒与其他细度的颗粒分级就实现了石膏的除杂。即将 25～160μm 的磷石膏颗粒分离出来，这种工艺又称为分级处理。该工艺可将磷石膏中 75% 以上的杂质分离出来。

周丽娜等研究了水洗、石灰中和以及石灰粉煤灰复合改性这三种不同的改性处理方法对磷石膏水泥调凝剂性能的影响，结果表明，与天然石膏相比，磷石膏经水洗后用作调凝剂的凝结时间更长；磷石膏经石灰中和后用作调凝剂与天然石膏的效果接近；磷石膏经石灰粉煤灰改性后用作调凝剂比天然石膏的效果更好。

吕洁用石灰、明矾和矿渣对磷石膏进行改性，研究了改性磷石膏用作缓凝剂对水泥性能的影响。结果表明，改性后的磷石膏呈碱性，不会对水泥性能造成有害影响。当水泥中 SO_3 含量相同时，采用改性磷石膏作缓凝剂，水泥的初凝及终凝时间比天然石膏长 0.5h 左右，对水泥的早期强度影响很小，后期强度有较大提高。磷石膏的改性机理：磷石膏在酸性环境下结晶粗大，结晶呈板状或块状，改性后，矿渣水化生成的凝胶将磷石膏晶体包裹，使其具有一定的强度，成球后不易破碎；采用石灰中和磷石膏中的酸性杂质，使可溶磷和氟转化为难溶物质，从而消除对水泥的危害。另外，经石灰改性后，体系呈碱性，可以激发矿渣的潜在活性，水化生成钙矾石和 C-S-H 凝胶等，这些胶凝产物将磷石膏包裹在一起，使其具有一定的机械强度，使改性成球后的磷石膏使用方便。由于磷石膏中共晶磷和少量有机物的影响，导致水泥水化变慢，从而造成凝结时间略有延长，早期强度稍有降低；由于水泥水化缓慢，钙矾石晶体发育完好，互相交织搭接在一起，C-S-H 凝胶填充于其中，使得水泥浆体硬化后非常密实，这是水泥石后期强度大幅提高的原因。

彭家惠等采用 SEM、DSC、结晶水测定及原子吸收光谱分析，结合宏观性能试验，对可溶磷分布、形态及其对性能的影响进行了研究。结果表明：可溶磷主要分布在二水石膏晶体表面，它并不是均匀分布在磷石膏中，其含量随磷石膏粒度的增加而增加；可溶磷会降低二水石膏的脱水温度和二水石膏析晶的过饱和度，使二水石膏晶体粗化，从而导致晶体间相互交织、搭接减少，结构疏松，硬化体强度降低。磷石膏胶结材水化初期，可溶磷转化为 $Ca_3(PO_4)_2$ 沉淀，覆盖在半水石膏晶体表面，阻碍其溶出与水化，使其缓凝。磷石膏中可溶磷主要以 H_3PO_4、$H_2PO_4^-$、HPO_4^{2-} 三种形态存在，不同形态可溶磷对性能影响存在显著差异，H_3PO_4 对性能最为不利，其次是 $H_2PO_4^-$。

彭家惠等采用浮选、萃取分离浓缩技术，应用色谱－质谱联谱分析、红外光谱分析、扫描电镜显微分析，结合宏观性能试验，对磷石膏中的有机物、共晶磷分布及其对性能的影响进行了研究。结果表明，磷石膏中的有机物为乙二醇甲醚乙酸酯、异硫氰甲烷、3－甲氧基正戊烷、2－乙基－1，3－二氧戊烷，且分布于二水石膏晶体表面，它们的含量随磷石膏颗粒度的增加而增加。这些有机杂质可削弱二水石膏晶体间的结合，使硬化体强度降低。通过水洗、浮选可以去除有机物，消除有机物的影响，当磷石膏有机物含量较高时，进行水洗或浮选工艺是必要的。共晶磷存在于半水石膏晶格中，它随磷石膏粒度的增加而减少，水化时从晶格中溶出，阻碍半水石膏的水化。共晶磷可降低二水石膏析晶的过饱和度，使二水石膏晶体粗化，强度降低。一般的预处理不能消除共晶磷的影响，但在 800℃ 下煅烧制备无水石膏时，可使共晶磷从晶格中析出。

杨敏等研究了磷石膏中杂质对其应用性能的影响，由于杂质的存在，磷石膏脱水温度较天然石膏低，当其用作水泥缓凝剂时，在球磨温度下可能脱水生成半水石膏和无水石膏，影响水泥性能；磷石膏和天然石膏制备的半水石膏胶结材料，其微观结构与物理性能之间存在较大差异。杨敏等在随后的研究中还对比了用不同浓度的石灰溶液、氨水和柠檬酸溶液预处理磷石膏用作缓凝剂的水泥性能，指出柠檬酸对磷石膏的杂质去除效果较好，其预处理的磷石膏用作水泥缓凝剂，效果与天然石膏相当。石灰溶液中和法虽然是通常推荐使用的磷石膏预处理方法，但与柠檬酸溶液预处理方法相比，石灰中和磷石膏用作缓凝剂的效果并不理想。

李萍通过使用蒸汽动能将磷石膏球磨成超细磷石膏粉制备水泥缓凝剂，在超细磷石膏粉的作用下，水泥的凝结时间得到了延长，同时还对水泥 28d 的抗压强度起到了提升作用，并对水泥浆体孔隙率进行测试，发现还有助于降低水泥浆体孔隙率。

2. 磷石膏制备水泥和熟料

1969 年，奥地利林茨公司建立了第一家利用磷石膏生产硫酸的水泥厂。山东鲁北化工集团已建成 80 万 t/年的硫酸生产线和 1200 万 t/年的水泥生产线。磷石膏生产水泥技术的发展是由国家支持的循环经济项目，可以实现硫酸－磷酸、磷酸－复合肥料、磷石膏－水泥等资源回收再利用，有效地解决了磷石膏的污染问题。刘娜利用磷石膏高温分解制备贝利特硫铝酸盐水泥，将石灰石、磷石膏和矾土混合后在高温条件下煅烧分解，磷石膏制备的贝利特硫铝酸盐水泥比天然石膏制备的贝利特硫铝酸盐水泥强度略低，但是早期影响不大，通过研究认为磷石膏分解制备贝利特硫铝酸盐水泥的方法可行。

林克辉将磷石膏与水泥熟料、乙烯灰、石灰石、粉煤灰、火山岩混合复配制备成磷石膏复合硅酸盐水泥，复合硅酸盐水泥 3d 抗压强度为 19.1MPa，28d 抗压强度为 44.5MPa。吴秀俊使用磷石膏在氮气保护下煅烧制备水泥熟料，生料组成有磷石膏、焦炭和硅铝质材料，煅烧温度为 1400℃，煅烧出的熟料矿物相组成主要有 C_3S、C_2S、C_3A、C_4AF，其中 C_2S 主要以 α 型形态存在。

张杭在循环流化床高温条件下将磷石膏分解制备 SO_2 和水泥，试验结果证明，循环流化床可以使得磷石膏分解率提高，产生大量 SO_2 气体。

Suresh 首先将磷石膏在氮气下高温分解形成富石灰，再将富石灰作为钙质材料参照水泥熟料的生料配比进行配料，再经煅烧制备出符合印度 OPC33Grade 标准要求的水泥，该方法将磷石膏杂质固定在矿物结晶相中，消除了杂质的影响。

李伯刚等以贵州矿磷石膏、云南矿磷石膏和脱硫石膏为原料，通过水化造粒将磷石膏制成粗集料、细集料，并对粗集料进行必要的水泥包壳处理，再用普通混凝土工艺将其制成轻集料混凝土砌块。这种方法不仅可以大量利用磷石膏材料，而且所制备的混凝土满足抗压、抗冻等要求。

1.2.2 建材行业的应用

磷石膏胶凝材料与石灰、水泥等材料的生产工艺相比，磷石膏的煅烧工艺能耗更低。在相同条件下，利用磷石膏制备建筑材料比水泥基材料消耗成本更低。

经过简单净化处理的磷石膏，脱掉 1.5 个水分子形成半水硫酸钙，用于生产磷石膏板材。目前，半水化石膏分为 α 型和 β 型两种结晶形态，α 型为完整结晶，弥散程度低；而 β 型为较差的片状结晶，弥散程度高，β 型水化速度较快，水化热较高，水分需求较大，硬化体强度较低，与

α 型相反。磷石膏在建筑材料中的应用主要是生产石膏板、石膏砌块、石膏粉、装饰石膏制品等。

我国在建筑材料生产中对磷石膏的利用也取得了一定进展。纸面石膏板的市场需求量较大。目前，多家企业已经开始投产纸面石膏板。山东、河北、安徽等地建成了 $2 \times 10^6 \sim 4 \times 10^6 m^2/a$ 石膏板生产线。据统计，2005 年我国石膏板产量为 $2 \times 10^8 m^2/a$。因此，我国利用磷石膏生产石膏板等建筑材料还有很大的发展空间。

1.2.3　化工行业的应用

磷石膏在化工行业的用途主要是制备硫酸钾和硫酸铵等化工原料。

1. 磷石膏制备硫酸钾

硫酸钾是一种广泛用于烟草、葡萄、柑橘等植物的钾肥，利用磷石膏生产硫酸钾，一方面可以促进磷石膏利用方式多元化，减少对环境的危害，另一方面可以补充对钾肥的需求。磷石膏的主要化学成分是二水石膏（$CaSO_4 \cdot 2H_2O$），磷石膏生产硫酸钾主要有两种方法：一种采用一步法将磷石膏与 KCl 反应生成 K_2SO_4 和 $CaCl_2$，一步法工艺简单便捷，但是会产生氯化物，不容易处理；另一种是采用两步法制备 K_2SO_4，磷石膏先与 NH_4HCO_3 反应生成 NH_4HSO_4 和 $CaCO_3$，NH_4HSO_4 再与 KCl 反应生成 K_2SO_4 与（NH_4）$_2SO_4$，两步法的生产过程中副产物主要是 NH_4Cl 和 $CaCO_3$，$CaCO_3$ 可以应用于水泥工艺，（NH_4）$_2SO_4$ 可作为一种氨肥使用。两种方法各有自己的优势，但是由于生产成本高，目前投入产业化不多。

邓林通过探究磷石膏两步法制备硫酸钾：第一步通过调整磷石膏与 NH_4HCO_3 的比例为 0.9、反应时间 90min、反应温度 30℃，第二步调整（NH_4）$_2SO_4$ 与 KCl 比例为 1，反应时间 60min、反应温度 50℃，在该工业条件下获得质量分数为 69.3% 的硫酸钾。郑伟采用一步法，通过改变磷石膏的细度、液固比并添加助溶剂，探究一步法制备硫酸钾的最佳工艺。

刘晓红采用两步法进行试验，试验结果表明两步法制备硫酸铵方案可行、工艺简单、试验条件温和且无"三废"产生。张兴法对两步法进行了改进，在反应中加入有机溶剂，该法提高了反应转化率，使得反应条件变温和，可以获得满足国家标准的硫酸钾。

2. 磷石膏制备硫酸铵

目前，硫酸铵的生产主要是利用硫酸或者氨水吸收工业尾气制备而成。使用磷石膏制备硫酸铵也是目前制备硫酸铵的一种方法，用于制备硫酸铵的磷石膏需对其 P_2O_5 的含量进行控制。孔祥琴将磷石膏与碳酸铵通过复分解反应得到硫酸铵，该方法需要经过几个操作流程。首先磷石膏需要经过水洗带走 P_2O_5，然后与二氧化碳、氨气、水蒸气在碳化塔中碳化形成碳酸铵，磷石膏与碳酸铵反应生成的硫酸铵与碳酸钙再经沉降分离就得到硫酸铵产品。杨毅介绍了用磷石膏制备硫酸铵联产石灰装置，该装置是目前我国最大的磷石膏制备硫酸铵生产线，生产硫酸铵的同时利用高固气比悬浮预热分解技术使得副产物碳酸钙分解得到石灰。

1.2.4　农业行业的应用

磷石膏中存在着植物生长所需的一些营养元素,如钙、硫、硅、磷、镁。将磷石膏作为土壤调节剂可以补充土壤中的矿物质元素和微量元素,达到改善土壤的功效,供给农作物所需的营养,提高农作物产量,减少对农作物的施肥以降低生产成本。因为磷石膏 pH 在 1.5~4.0 之间,可以对碱性土壤进行修复,消除土地板结。同时磷石膏对于某些植物还可以预防病虫害,防止植株倒伏。

Conceiccedil 通过研究磷石膏对免耕大豆产量的影响,对土壤剖面化学成分、肥料使用效率、大豆叶片养分浓度以及种子产量等方面进行研究,发现磷石膏改善了土壤的化学特性,显著增加了植物的养分含量,并增加了大豆籽粒的产量。Crusciol 把磷石膏、石灰、硅酸盐混合制备土壤改良剂,施用磷石膏、石灰和硅酸盐改良剂的土地,可在相对较短的时间内有效提高土壤 0.40m 深处的钙、磷、硫、硅等养分水平,与未施用改良剂的土壤相比,施用土壤改良剂的植株叶片中增加了钙、硫和硅的浓度,并使得普通大豆、谷物产量提高了 22% 以上。我国是一个茶叶生产大国,茶树是一种喜酸性土壤的植物,磷石膏不仅可以给茶树提供营养元素,还能改变土壤的 pH,使得茶叶更鲜嫩。

研究表明,磷石膏掺量较大时,会造成水泥早期强度低、后期强度下降、安定性不良等问题,目前尚没有明确的相关机理。通过磷石膏基水泥的水化机理研究,找到上述问题的根本原因,并有针对性地提出相应的改善措施。

目前研究表明,采用磷石膏水泥或磷石膏造粒的集料,可以制备满足强度等级的混凝土,但对掺入磷石膏的小型预制构件的研究尚不多见,特别是磷石膏影响水泥混凝土凝结时间进而影响预制砌块成型的效率问题,未见研究。

1.3　磷石膏在公路工程中的综合利用现状

磷石膏因其主要成分是二水石膏,所以其许多特性与二水石膏类似,故磷石膏可以运用在土壤改良剂和化工等领域,也可运用在公路工程领域。

磷石膏在道路工程建设中多用于路基填料和基层材料。周富涛等研发出磷石膏－粉煤灰－水泥－石灰体系路面基层材料,该材料在最佳配合比下 7d 的饱水无侧限抗压强度可达到 3MPa。

沈卫国等研制出一种磷石膏－粉煤灰－石灰改性二灰路面基层材料,并通过一系列配合比试验以及强度形成机理,建立了一套以体积分析法为基础的配合比方法。经研究,该材料比其他二灰类材料强度发展快且后期能持续增长，早期水稳性较好，后期水稳性有所改善。

刘毅等对比研究了水泥－磷石膏复合材料加固软土地基和单用水泥加固软土地基的效果。研究表明，与单用水泥加固软土地基相比，水泥－磷石膏复合材料加固软土地基可大幅度提高加固土强度，尤其对于泥炭质土，磷石膏的增强效果更加突出。

杜婷婷等利用水泥稳定磷石膏并添加 0.5% 的固化剂，7d 抗压强度为 6.4MPa，28d 抗压强度为 7.7MPa。

张厚记等利用磷石膏、水泥和矿渣制备成复合材料用于制备稳定碎石基层的道路材料，当水泥掺量（外掺）为 1% 和矿渣外掺（掺量）为 5% 时，磷石膏与级配碎石比例为 15%，其比例为 85% 时 28d 无侧限抗压强度为 9.6MPa，抗劈裂和抗弯拉强度分别为 0.54MPa 和 1.19MPa。

李夏等利用水泥稳定磷石膏制备道路基层材料，当磷石膏添加量为 92%、水泥添加量为 8% 时，路基材料最佳含水率为 11.8%，28d 抗压强度为 5.3MPa，可应用于一级公路的基层和底基层。

李飞等将磷石膏用于加固软土地基，并结合工程实际对磷石膏加固土的主要影响因素进行了研究。结果表明，磷石膏可取代部分水泥用于改善软土地基。

李玉华等将磷石膏加入石灰、粉煤灰或石灰、粉煤灰、黏土在最佳含水量下配成的混合料中，结果显示，引入磷石膏可提高混合材料抗压强度，减小干缩变形。

徐雪源等研究了磷石膏－粉煤灰－石灰－黏土混合料作为基层材料的干缩特性。结果表明，掺入磷石膏有助于改善混合料的干缩应变，该体系的磷石膏最佳掺量为 15%。该混合料自然养护 5d，其干缩变形能完成 90%。

纪小平等将固化剂加入磷石膏中制备出稳定的磷石膏混合料用作路基填料。彭以舟等用磷石膏、碱渣和橡胶粉联合固化疏浚淤泥制成轻质填料用于填筑路基。

1.4　影响磷石膏资源化利用的主要因素

磷石膏的利用具有很大的开发价值，将磷石膏资源化利用的研究也很多，并取得了一定成效，但就目前状况看，我国磷石膏利用仍具有一定的局限性，且利用率不高，分析原因主要有以下几点：

1.4.1　磷石膏原料的品质

磷石膏的资源化利用受到制约，很大程度上可以归因于磷石膏中存在少量有害杂质。磷石膏中含有可溶性磷和可溶性氟等酸性物质，导致磷石膏的 pH 偏低，易腐蚀构件成品。此外，磷石膏中的磷酸盐和氟化物对磷石膏制品的力学性能、凝结时间都有不利影响。这些有害杂质的存在制约了磷石膏在水泥、建材领域的应用。另外，磷石膏的有机质会导致磷石膏制品发黑，使硬化体结构疏松、强度降低。

1.4.2 资源化利用成本

现在将磷石膏资源化利用的绝大多数方法，是对磷石膏进行预处理，这就额外增大了成本能耗，同时还需要增加其他物质或设备，成本大大提高。此外，相关产业政策引导不够，缺乏相关鼓励政策，加大了企业将磷石膏资源化利用的负担，制约了磷石膏资源化利用的发展。

虽然目前国内外对磷石膏综合利用方式的研究都取得了一系列的成果，但磷石膏的综合利用率与逐年增加的磷石膏排出量和堆积量相比仍然处于较低水平。主要原因是磷石膏的自身特性以及产品应用两方面受到限制。磷石膏中含有磷、氟等杂质，直接使用会导致产品存在耐水性差、强度低、易腐蚀等缺点，大大限制了其广泛应用，理想的磷石膏综合利用应当是消耗量大、无二次污染、操作简单。目前，将磷石膏作为泡沫轻质土的主要基材应用在道路上的研究仍未完全解决上述问题，难以推广至路基工程中。综上所述，存在以下困难：

（1）原状磷石膏由于杂质种类多、含水率较高，容易形成磷石膏板结现象，无法直接使用；磷石膏含有可溶性磷、氟、有机物等多种杂质，与水泥结合使水泥凝结时间变长，导致产品早期强度低；煅烧、水洗等预处理方法易造成二次污染，且成本较高。

（2）将磷石膏加入泡沫轻质土中会降低泡沫轻质土的强度；泡沫轻质土本身强度不高，为满足强度要求，磷石膏只能少量掺入，无法实现将磷石膏作为主要基材。

（3）关于磷石膏泡沫轻质土能否满足路基工程材料的耐久性问题尚未有明确的结论；当其作为主要基材时，耐久性问题更是有待考究。

磷石膏是工业生产磷酸排出的一种固体废渣。磷石膏中含有有害物质，如果将其大量堆存，不仅会占用大量土地，而且会污染环境，这给企业和国家的发展带来了严重的不利影响。磷石膏资源化利用已经成为保护生态环境、节约自然资源、发展低碳经济和实现可持续发展的重要任务。

本书旨在研究磷石膏综合开发利用问题，针对磷石膏物理化学特性，深入研究磷石膏作为掺合料在水泥以及混凝土预制构件中的作用机理，通过原材料配方调整、混凝土配合比组成调整，解决磷石膏作为掺合料或替代材料产生的初凝时间长以及强度低等问题，开发磷石膏在水泥、混凝土预制构件中的应用技术，解决高速公路建设地材料匮乏以及磷石膏的规模化使用问题，具有显著的经济社会和环境效益，既能节约工程成本，又可以保护生态环境。

第 2 章

原材料分析及
磷石膏预处理

2.1 原材料

2.1.1 磷石膏

本章介绍的磷石膏为云南省宣威市某磷肥厂排放堆积的，因其所处环境具有较高的含水量且经过一段时间的堆积，部分磷石膏已经结块，如图 2-1 所示。磷石膏含有酸性物质，具有一定的腐蚀性，其物理化学性质见表 2-1，经 X 射线荧光（X-Ray Fluorescence，XRF）光谱仪测定，其主要化学成分如表 2-2 所示。磷石膏的 X 射线衍射（X-Ray Diffraction，XRD）图谱如图 2-2 所示，XRD 结果显示，磷石膏中主要矿物成分为石英（SiO_2）和二水石膏（$CaSO_4 \cdot 2H_2O$）。磷石膏在扫描电子显微镜（Scanning Electron Microscope，SEM）下的微观结构图如图 2-3 所示，可以看出磷石膏形态主要是薄片菱形板块状，板块晶体表面附着的颗粒物以及间隙间存在的絮状小块主要是磷石膏中的一些杂质。磷石膏是复杂多晶体结构，$CaSO_4 \cdot 2H_2O$ 晶体主要截面呈规则菱形、平行四边形、三角形板状结构，棱角分明，晶体大小不一，晶体之间相互交叉接触。晶体表面还附着一些碎晶、细晶、其他杂质等。磷石膏具有石膏的部分特性，作为优良的气硬性胶凝材料，还具有轻质、高强、多功能的特点。但是其耐水性较差，使应用受到了限制。想要将磷石膏制成所需要的胶凝材料就需要对其进行改性处理，使它由气硬性的胶凝材料转化为水硬性的胶凝材料。通常，在磷石膏中加入一些掺合料，如碱性激发剂、复合外加剂等，可以提高它的强度和耐水性，使之更好地发挥作用，适应不同条件、不同环境、不同用途的需要。

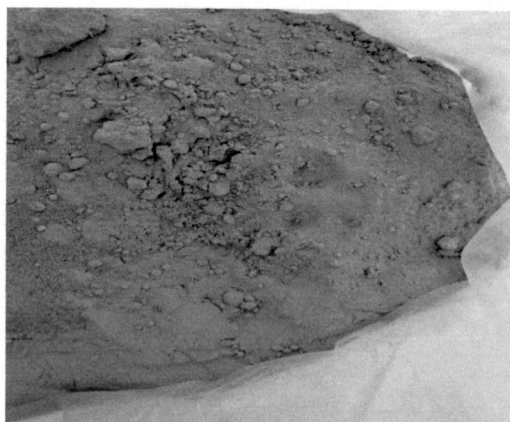

图 2-1　磷石膏

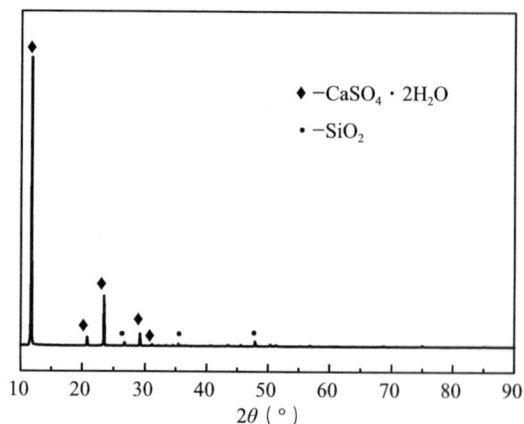

图 2-2　磷石膏的 XRD 图谱

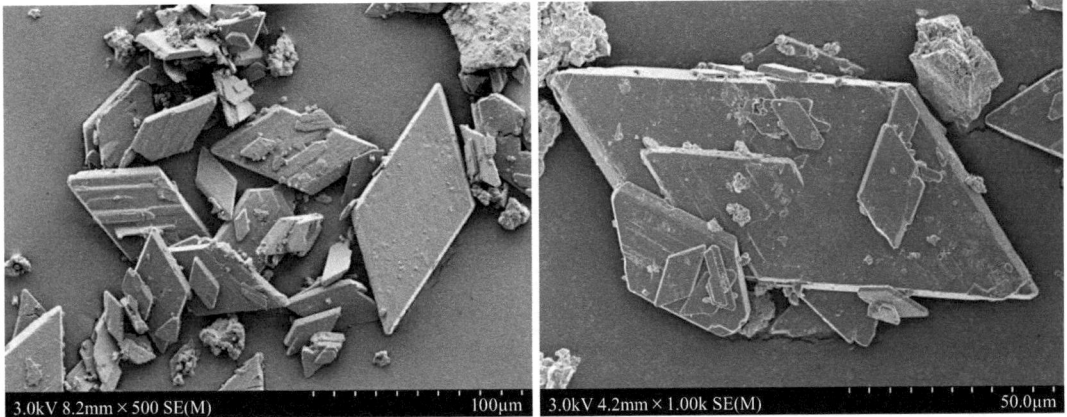

图 2-3 磷石膏在 SEM 下的微观结构图

磷石膏的物理化学性质 表 2-1

理化性质	pH	密度（g·cm⁻³）	自由膨胀率（%）	附着水含量（%）	结晶水含量（%）	含水率（%）	相对密度
PG	6.02	2.347	-23	9.81	15.08	24.7	2.448

磷石膏的主要化学成分 表 2-2

化学成分	SO_3	CaO	SiO_2	P_2O_5	Al_2O_3	F	Fe_2O_3	K_2O	MgO	Less
含量（%）	48.81	37.36	10.68	1.16	0.67	0.38	0.31	0.21	0.12	0.3

注：Less 表示其他微量的成分。

2.1.2 试验设备

1. 破碎设备

采用 LT-100 型连续投料粉碎机。

2. 脱水和烘干设备

采用 XMTD-2C 型电热鼓风干燥箱，最高温度 300℃，如图 2-4 所示。

3. 煅烧设备

采用 SX_2 型箱式电阻炉，最高温度 1200℃，如图 2-5 所示。

4. 养护设备

采用 SHBY-40A 型水泥标准养护箱，养护条件为温度 20℃±1℃，相对湿度大于或等于 90%，如图 2-6 所示。

5. 抗压强度测试仪器

采用 HYE-300B 型微机电液伺服压力试验机，如图 2-7 所示。

图 2-4   XMTD-2C 型电热鼓风干燥箱

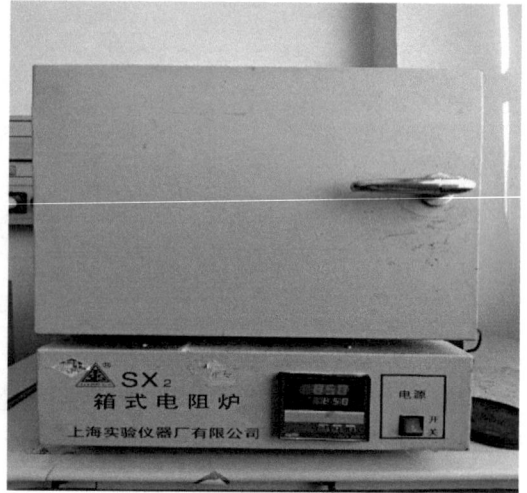

图 2-5   SX₂ 型箱式电阻炉

图 2-6   SHBY-40A 型水泥标准养护箱

图 2-7   HYE-300B 型微机电液伺服压力试验机

6. 搅拌设备

采用 JJ-5 型行星式胶砂搅拌机和 NJ-160B 型水泥净浆搅拌机。

7. 抗折强度测量仪器

采用 KZJ-500 型电动抗折试验机。

8. 筛分试验

按照《细集料筛分试验》T 0327—2005 进行。

9. 烧失量试验

按照《水泥化学分析方法》GB/T 176—2017 进行。

10. 浆（基）体初终凝时间和强度测定

浆（基）体初终凝时间按照《水泥标准稠度用水量、凝结时间、安定性检验方法》GB/T 1346—2011 进行测定，浆（基）体抗压强度试件尺寸为 40mm×40mm×160mm，强度按照《水泥胶砂强度检验方法（ISO 法）》GB/T 17671—2021 进行测定。

2.2　磷石膏预处理

2.2.1　磷石膏破碎处理

原状磷石膏因为结块无法直接使用，需要对其进行破碎。但又因其较高的含水率，易粘附于设备上。所以需要首先降低磷石膏内部的附着水含量，本章采用在 20℃以上无风室内的干燥环境下进行陈化来降低附着水含量，陈化时间 21d。图 2-8 为不同陈化时间与附着水含量的关系。

从图 2-8 中可以看出，陈化时间越长，附着水含量越小，1～3d 附着水含量减小幅度最大，3d 后减小幅度越来越小。当陈化时间为 3d

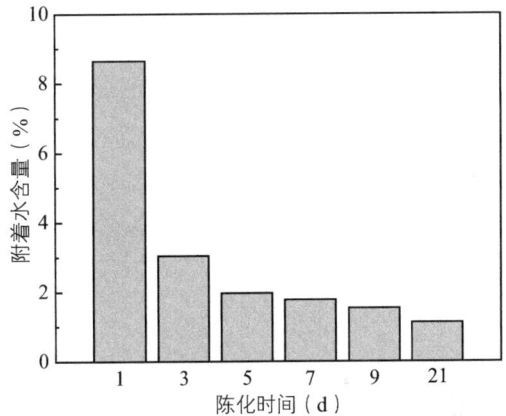

图 2-8　不同陈化时间与附着水含量的关系

时，附着水含量为 3.04%，这时磷石膏表面呈现干燥状态，几乎不会粘附在设备上；当陈化时间为 5d 时，附着水含量下降到 1.97%，一直到 21d 时附着水含量降至 1.13%。考虑时间成本，陈化时间以 3～5d 为宜。

2.2.2　磷石膏筛分处理

磷石膏中磷、氟、有机物等杂质是不均匀分布的，颗粒越大，杂质含量就越多。因此，通过筛分，可以富集杂质，去掉较大粒径的磷石膏，减少可溶性磷、氟和有机物的含量。将经过破碎处理后的磷石膏分别过 1.18mm、0.6mm、0.3mm、0.15mm、0.075mm 方孔筛。通过干筛法与水洗法分别得到磷石膏的颗粒级配，见表 2-3。

由表 2-3 可以看出，将结块的磷石膏破碎后进行筛分所有颗粒均能通过 1.18mm 方孔筛，可以得出磷石膏颗粒直径均小于 1.18mm；其中水洗法的通过率比干筛法的通过率高，这是因为

磷石膏的颗粒级配（%）　　　　　表2-3

筛分方法	筛孔孔径（mm）通过率（%）				
	1.18	0.6	0.3	0.15	0.075
干筛法	100	91.60	78.67	75.04	51.92
水洗法	100	98.03	95.56	94.61	87.93

在水洗的过程中，一些附着在磷石膏颗粒表面的杂质被清洗掉或因附着水的作用而结合成磷石膏大颗粒被冲洗成更小颗粒，故采用水洗法的磷石膏颗粒通过率较高、颗粒更细。但水洗法过程烦琐且成本较高，含杂质余水仍需处理后排放，不利于工程使用，故工程上一般采用干筛法。

为了确定筛分处理的通过孔径，对通过各档方孔筛的磷石膏进行烧失量试验。磷石膏的烧失量主要反映的是煅烧后磷石膏中有机物、杂质氟和杂质磷大量挥发所造成的质量变化，结果如图2-9所示（图中横坐标筛孔孔径0.6mm表示通过0.6mm方孔筛的所有粒径的磷石膏样品，其他同理）。

由图2-9可以看出，通过0.6mm方孔筛的磷石膏烧失量最小，说明通过0.6mm方孔筛的磷石膏稳定成分占比较大，而在烧失试验中通过烟气挥发的 P_2O_5 等杂质成分较少。因此，将0.6mm方孔筛作为筛分处理的通过孔径。

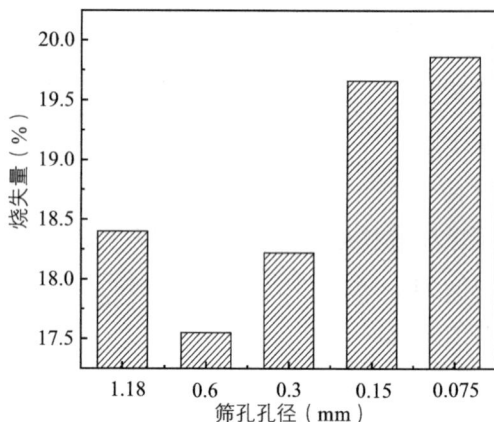

图2-9　磷石膏烧失量

综上所述，干筛法筛分磷石膏通过0.6mm方孔筛的通过率为91.6%，且通过0.6mm方孔筛的磷石膏成分稳定，在后续的磷石膏筛分处理中，采用干筛法通过0.6mm方孔筛这一处理方法。

2.3　磷石膏热处理

磷石膏的主要成分是 $CaSO_4 \cdot 2H_2O$ ，其不具有胶凝特性，需要对其进行改性处理，使 $CaSO_4 \cdot 2H_2O$ 脱去 $\frac{3}{2}H_2O$ 转变成 $CaSO_4 \cdot \frac{1}{2}H_2O$ 或脱去 $2H_2O$ 转变成 $CaSO_4$ ，使之具备胶凝性，通常的处理方法为高温煅烧或脱水。将磷石膏分别置于110℃、150℃、200℃下脱水及600℃煅烧6h，图2-10为常温及温度110℃、150℃、200℃、600℃下磷石膏样品的XRD图谱。

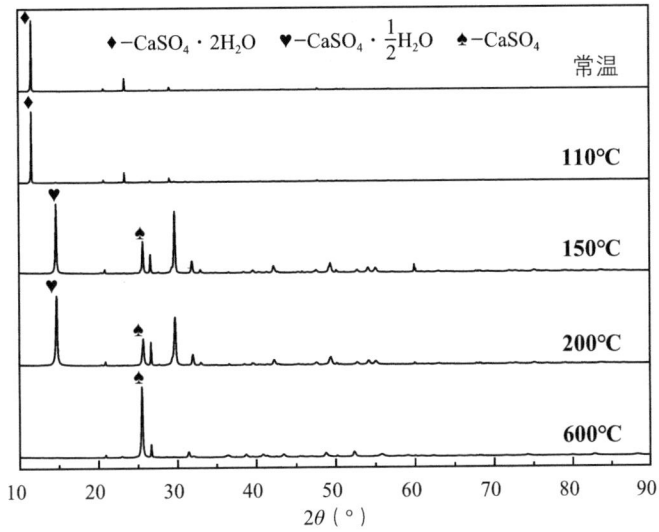

图 2-10　不同温度下磷石膏样品的 XRD 图谱

注：2θ 表示的是衍射角，其中 θ 是入射 X 射线与样品晶面之间的夹角。

由图 2-10 可以看出，$2\theta=11°$、$2\theta=15°$ 处衍射峰分别对应 $CaSO_4 \cdot 2H_2O$、$CaSO_4 \cdot \frac{1}{2}H_2O$，可以明显地看到 150℃和 200℃的磷石膏已经没有 $CaSO_4 \cdot 2H_2O$，而 110℃与常温的磷石膏主要成分还是 $CaSO_4 \cdot 2H_2O$；$2\theta=26°$ 处衍射峰是 $CaSO_4$，磷石膏在 150℃和 200℃环境下已经有少量的 $CaSO_4 \cdot 2H_2O$ 脱去 2 个 H_2O 转化为 $CaSO_4$，但是其主体成分是 $CaSO_4 \cdot \frac{1}{2}H_2O$；磷石膏在 600℃下煅烧，此时其内部成分完全蜕变为 $CaSO_4$。由此可知，在 110℃以下，磷石膏主体成分基本不会发生任何变化；在 150℃及以上脱水处理得到磷石膏，主体成分转变为 $CaSO_4 \cdot \frac{1}{2}H_2O$；600℃煅烧后的磷石膏，其主体成分完全脱水变为 $CaSO_4$。为了更加直观地了解不同温度处理后磷石膏的成分变化，用 XRF 光谱仪测定不同温度处理后的磷石膏的化学成分含量，如表 2-4 所示。

不同温度处理后磷石膏的化学成分含量　　　　　　　　　　表 2-4

处理温度	化学成分含量（%）											
	SO_3	CaO	SiO_2	P_2O_5	Al_2O_3	F	Fe_2O_3	K_2O	MgO	TiO_2	SrO	Less
常温	48.81	37.36	10.68	1.16	0.67	0.38	0.31	0.21	0.12	0.09	0.06	0.15
110℃	50.46	38.48	9.09	0.64	0.45	0.30	0.19	0.11	0.03	0.12	0.08	0.05
150℃	52.15	37.26	8.66	0.66	0.42	0.34	0.19	0.10	0.03	0.08	0.07	0.04
200℃	52.58	38.00	7.41	0.68	0.40	0.39	0.19	0.10	0.03	0.10	0.08	0.17
600℃	51.91	37.61	8.24	0.67	0.56	—	0.23	0.17	0.07	0.09	0.06	0.39

注：Less 表示其他微量的成分。

从表 2-4 中可以看出，经过热处理的磷石膏其成分中的氟、磷、钾、镁等杂质大幅度减少。为了探究磷石膏主要成分和杂质对磷石膏材料性能的影响效果，对比常温、200℃、600℃三种温度下的磷石膏及三种石膏的初凝时间、终凝时间及抗压强度，试验按水泥：磷石膏（石膏）= 3∶7 的基本比例混合成复合材料进行试验，结果见表 2-5。

复合材料的初凝时间、终凝时间及抗压强度　　　　表 2-5

热处理	初凝时间（min）	终凝时间（min）	3d 抗压强度（MPa）	7d 抗压强度（MPa）	28d 抗压强度（MPa）
常温	3000	3500	0.2	1.7	11.0
200℃	11	20	0.5	6.1	12.1
600℃	455	1110	6.3	10.5	12.5
$CaSO_4 \cdot 2H_2O$	35	60	1.7	2.9	3.2
$CaSO_4 \cdot \frac{1}{2}H_2O$	10	15	0.9	1.7	5.2
$CaSO_4$	330	657	4.7	7.2	10.8

从表 2-5 中可以看出，200℃烘干和 600℃煅烧后的磷石膏初凝时间和终凝时间大幅度缩短，600℃煅烧后早期强度大幅度增高，但温度的变化对 28d 强度的影响不显著；200℃烘干与600℃煅烧后的磷石膏早期强度差异大，这是由于两个原因造成的：一是磷石膏中氟是影响早期强度的主要因素，而 200℃烘干和 600℃煅烧对于去除磷石膏中氟杂质效果的差异（表 2-6），导致了 3d 和 7d 早期抗压强度的差异；二是 600℃煅烧后磷石膏的主要成分转化为早期强度较高的 $CaSO_4$，从三种石膏的力学性能对比可以看出，$CaSO_4$ 强度最高，$CaSO_4 \cdot \frac{1}{2}H_2O$ 次之，$CaSO_4 \cdot 2H_2O$ 最小，但是通过石膏和磷石膏材料强度的对比可知，三种石膏的最终强度不如磷石膏的强度；$CaSO_4 \cdot 2H_2O$、$CaSO_4 \cdot \frac{1}{2}H_2O$ 的凝结时间与磷石膏的凝结时间相比明显缩短。故此得出结论：磷石膏中结晶水变化会缩短凝结时间；杂质是影响磷石膏材料凝结时间和早期强度的主要原因，但杂质的存在对 28d 抗压强度的影响并不显著。

2.4　添加剂对磷石膏物理性能的影响

磷石膏热处理并不能提升后期强度，且需要复杂的处理工艺，而热处理的本质是降低氟和磷酸的影响，故选择一种能去除或降低氟和磷酸影响的物质，或在材料水化过程中固化氟和磷酸的物质显得尤为重要，可作为替代煅烧的预处理方法。本小节研究 CaO、Ca(OH)$_2$、Na$_2$S$_2$O$_3$、Na$_2$SiO$_3$、去氟剂及去磷剂对水泥磷石膏复合材料物理力学性能的影响。

试验按水泥：磷石膏 = 3：7 的基本比例混合成复合材料，外掺添加剂，研究添加剂对复合材料的初凝时间、终凝时间及抗压强度的影响，如表 2-6 所示。

添加剂对复合材料初凝时间、终凝时间及抗压强度的影响　　　　表 2-6

添加剂	掺量（%）	初凝（min）	终凝（min）	3d 抗压强度（MPa）	7d 抗压强度（MPa）	28d 抗压强度（MPa）
—	0	3000	3500	0.2	1.7	11.0
CaO	5	1440	1823	1.2	3.4	16.9
Ca(OH)$_2$	5	1560	1850	1.9	4.1	18.0
Na$_2$S$_2$O$_3$	5	2540	3080	0.8	3.4	11.0
Na$_2$SiO$_3$	5	2350	2850	1.5	4.3	10.5
去氟剂	5	240	517	0.6	1.7	18.4
去磷剂	5	1230	1600	1.1	2.5	11.5

从表 2-6 中可以看出，外掺去氟剂或 Ca(OH)$_2$ 的试件 28d 抗压强度是最高的，虽然外掺 5% 的去氟剂极大地缩短了复合材料凝结时间，但前期强度较低且增长缓慢，未能解决磷石膏早期强度低的问题。但是通过去氟剂和去磷剂试件对比，可以得出氟对磷石膏水泥基材影响比磷大。掺加 Ca(OH)$_2$ 的试件早期强度和后期强度都令人满意，这是因为：一方面，水泥水化第一个过程是产生 Ca(OH)$_2$，而 Ca(OH)$_2$ 的加入使得第一个过程加速进行，所以其早期强度较高；另一方面，Ca(OH)$_2$ 与磷石膏中可溶磷、可溶氟等酸性杂质发生反应生成惰性物质，CaO 虽然也能做到这点，但是其要先与水发生反应生成 Ca(OH)$_2$，没有直接加 Ca(OH)$_2$ 更彻底。

2.5　本章小结

（1）通过磷石膏干筛法筛分试验，得到 0.6mm 方孔筛的通过率为 91.6%；烧失量试验表明通过 0.6mm 方孔筛的磷石膏烧失量最小；综合分析可知，磷石膏使用前，需要以通过 0.6mm 方孔筛为宜。

（2）磷石膏经过热处理（脱水或煅烧）后，材料的凝结时间大幅度缩短，早期强度大幅度提升，但不影响后期强度。经分析可知，氟等杂质的减少是其早期强度大幅度提升、凝结时间大幅度缩短的主要原因。

（3）$Ca(OH)_2$ 对磷石膏复合材料物理力学性能的提升效果高于试验其他化学试剂，故选择 $Ca(OH)_2$ 作为磷石膏复合材料的外加剂。

（4）原状磷石膏大批量预处理推荐工艺为：陈化 3~5d 后进行破碎，用 0.6mm 方孔筛进行筛分，利用外掺 $Ca(OH)_2$ 提高磷石膏的早期强度和后期强度。

第 3 章

磷石膏路用
改性技术

3.1　物理球磨对磷石膏性能影响

由于磷石膏为生产磷肥的副产物，相较于天然石膏，其二水石膏晶体粗大、整齐均匀、呈六面板状，颗粒分布高度集中。由图 3-1 可以知，原状磷石膏粒径主要分布在 80～160μm，整体呈正态分布。这种颗粒特征造成了磷石膏复合凝胶材料的流动性很差，即使采取高效减水剂对其流动性的改善也很有限，而且过于集中的颗粒分布也造成了试件密实度的下降，不能搭接起牢固的骨架。通过物理球磨活化等工艺，能够破坏磷石膏原有的整齐规则的粗大晶体，使其晶型多样化，以达到改善级配、提高流动性的目的。

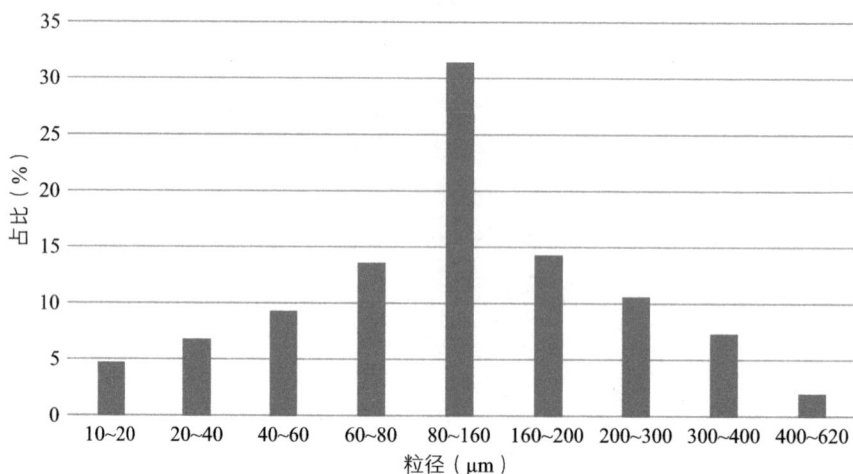

图 3-1　原状磷石膏粒径分布

增大磷石膏的比表面积，可以提高其活性。从根本上改善磷石膏复合胶凝材料硬化体空隙率高、结构疏松等缺陷问题。本节将磷石球磨不同时间，得到不同比表面积的磷石膏，再与水泥混合制备复合凝胶材料，讨论磷石膏比表面积对复合凝胶材料性能的影响。

3.1.1　球磨对磷石膏物理性能的影响

将磷石膏分别按不同时间长度球磨，得出四种比表面积的磷石膏，其颗粒细度对磷石膏性能的影响见表 3-1。

从表 3-1 中可以看出，对于磷石膏在 3～9min 时间内进行球磨，球磨时间正常，磷石膏的比表面积几乎呈线性增大。为了提高磷石膏复合凝胶材料的性能，同时也为了节约能耗，应当选择合适的比表面积的磷石膏制备胶凝材料。

颗粒细度对磷石膏性能的影响 　　　　　　　　表 3-1

性能		细度水平			
		未改性	球磨 3min	球磨 5min	球磨 9min
密度（g/cm³）		2.56	2.58	2.59	2.59
比表面积（cm²/g）		1707	3755	4476	8825
平均粒径（μm）		30.37	15.96	12.93	9.47
标准稠度用水量（w/g）		0.77	0.66	0.69	1.13
凝结时间（min）	初凝时间	6	4	4	3
	终凝时间	11	5	5	5
R_{2h} 强度（MPa）	抗压强度	3.6	5.3	5.4	0.6
	抗折强度	2.5	3.4	3.1	0.9
绝干强度（MPa）	抗压强度	5.8	8.6	8.9	2.2
	抗折强度	2.9	3.0	3.3	0.8

从凝结时间看，磷石膏比表面积的增大会使石膏浆体凝结时间缩短。磷石膏比表面积由 1707cm²/g 增大到 3755cm²/g，比表面积增大了 120%，浆体初凝时间缩短了 33%、终凝时间缩短了 55%，此后磷石膏颗粒比表面积继续增大，凝结时间变化不大。

磷石膏的比表面积在一定范围内增大，将会降低浆体的标准稠度用水量。与原样相比，比表面积达到 3755cm²/g 时，标准稠度用水量降低了 14%；但当比表面积达到 8825cm²/g 时，标准稠度用水量却剧增了 47%。

磷石膏比表面积大小对磷石膏硬化体的绝干抗压强度有很大的影响。比表面积在 3755～4476cm²/g 时，磷石膏硬化体的力学性能最好，磷石膏硬化体的绝干强度随细度的增大而增大，磷石膏硬化体绝干抗压强度比原样提高了 55%，而绝干抗折强度的增长有限。但超过这个范围，磷石膏硬化体绝干强度将急剧降低。当比表面积达到 8825cm²/g 时，抗压强度、抗折强度分别降低了 62%、72%。

磷石膏比表面积对磷石膏硬化体 2h 强度的影响规律，基本上与绝干强度的影响规律一致，只是在变化幅度上略有差异。

总之，磷石膏细度的增大对其标准稠度用水量、凝结时间及硬化体强度均产生了明显的影响。磷石膏比表面积在 1707～4476cm²/g 最为合适，超出这个细度范围，磷石膏硬化体的强度将受到较为严重的损害。

采用激光粒度仪对磷石膏原样和经过球磨处理的粉料进行粒度分布测定。不同球磨时间磷石膏颗粒粒径及体积累积分布曲线见图 3-2。

原样的颗粒分布集中，并且大多分布在 27～62μm，这个粒径范围的颗粒占比为 52%，体

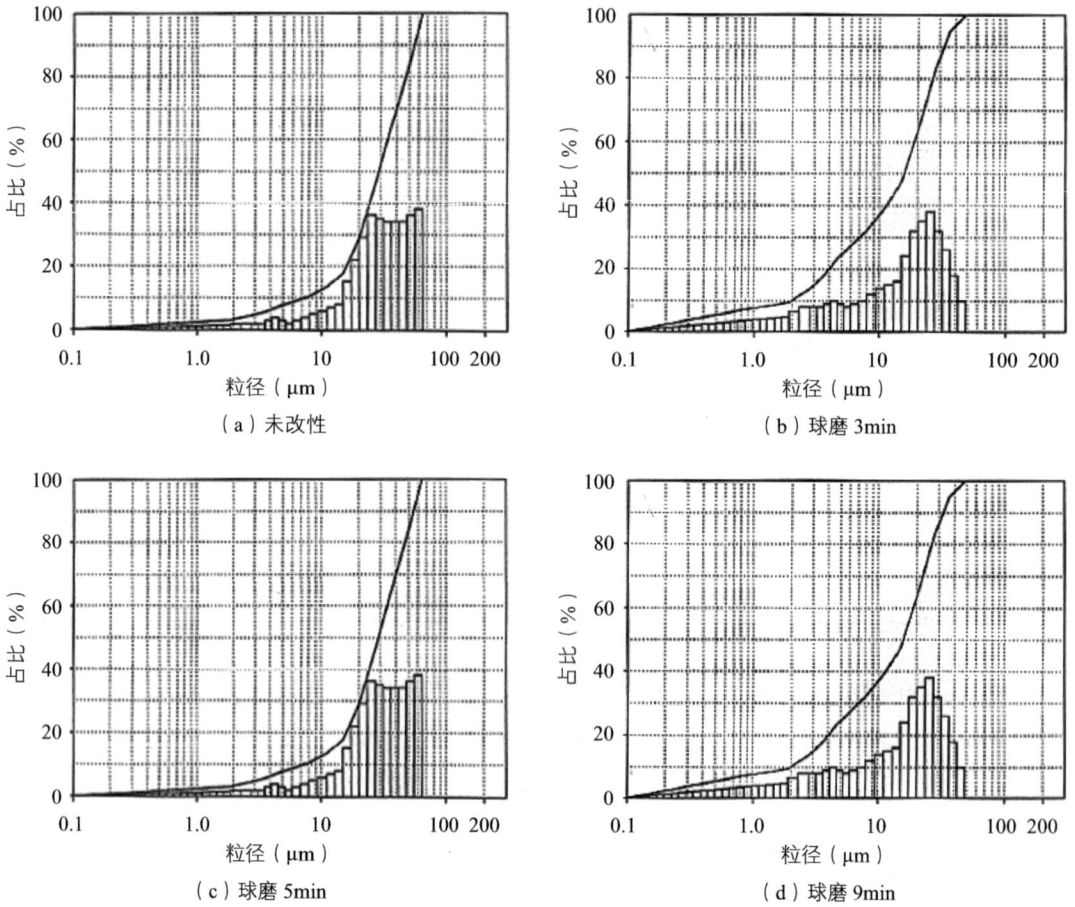

（a）未改性

（b）球磨 3min

（c）球磨 5min

（d）球磨 9min

图 3-2　不同球磨时间磷石膏颗粒粒径及体积累积分布曲线

积累积分布曲线急剧变化；球磨 3min 的磷石膏，颗粒粒径大幅减小，小于 27μm 的颗粒数量增多，占比为 82%，体积累积分布曲线变化趋势变缓；球磨 5min 的磷石膏，颗粒粒径继续变小，小于 25μm 的颗粒比例占 86%，体积累积分布曲线向小粒径方向偏移；球磨 9min 的磷石膏，在 0.8 ~ 2.6μm 和 5.5 ~ 24μm 粒径范围的颗粒占比分别为 18.3%、61%，粒径小于 2.6μm 的超细颗粒数量大大增多。

结合上述内容可知，球磨能大大增加磷石膏的比表面积，但超过 3min 后，平均粒径不再明显减小；但随着球磨时间的延长，比表面积增加幅度不大，当球磨 9min 时，比表面积急剧变大，达到 8825cm^2/g。

3.1.2　球磨对磷石膏微观性能的影响

颗粒形状及表面特征对磷石膏浆体的流动性有一定的影响。在浆体用水量相同的条件下，用晶体颗粒具有棱角、表面粗糙的石膏拌制浆体，其流动性差且浆体标准稠度用水量大；而颗粒呈球形、表面光滑的石膏，其浆体拌合物的流动性好，浆体标准稠度用水量也会较小。

采用扫描电子显微镜（SEM）对天然石膏和磷石膏的微观结构图进行了对比分析，如图3-3所示。

（a）天然石膏　　　　　　　　　　（b）磷石膏

图3-3　天然石膏和磷石膏在 SEM 下的微观结构图

天然石膏的颗粒呈不规则的球状、粒状、鳞片状等多样化形貌，且相互交错在一起，结构致密；而磷石膏的形状十分规整，多呈板状、菱状，表面附有很多颗粒状物质，结构松散。磷石膏的这种特殊颗粒形貌将导致其流动性变差、浆体的标准稠度用水量增加。同时，其浆体的保水性能也将下降，引发拌合物泌水，导致硬化体结构密实度和强度降低。

球磨处理是改变磷石膏颗粒分布集中、颗粒形貌多呈板状的手段之一。采用扫描电子显微镜对原样和经过球磨处理的磷石膏颗粒形貌进行观测，结果见图3-4。

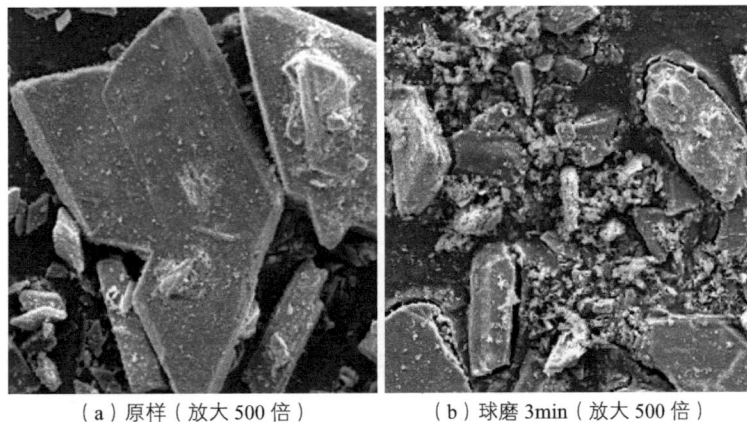

（a）原样（放大 500 倍）　　　　　（b）球磨 3min（放大 500 倍）

图3-4　球磨处理对磷石膏颗粒形貌的影响

可以看出，球磨处理很大程度上改善了磷石膏的颗粒形貌和表面特征。磷石膏经过球磨处理后，原来大而规则的板状晶体逐渐消失，取而代之的是不规则的板状、球状、颗粒状晶形，晶体粒径越来越小，带棱角的颗粒数量减少。可以清楚地看到，球磨 3min 和 5min 的磷石膏，颗粒搭配较好，结构空隙小，而球磨 9min 的磷石膏，颗粒粒径很小，颗粒间空隙明显变大。

因而可以得出结论：球磨是改善磷石膏颗粒形状和表面特征的有效途径。通过球磨处理可以改变石膏颗粒原有的单一形状，使颗粒表面趋于光滑，从而改善磷石膏的物理力学性能。球磨时间控制在 3~5min 为宜。

3.1.3　球磨对复合凝胶材料力学性能的影响

将磷石膏在 40℃ 条件下烘干至恒重待用，取试样按质量比磷石膏：粉煤灰：水泥 = 25：15：3 的比例配料，再按照磷石膏外掺入 4% 石膏并分别球磨 3min、5min、9min，陈化 24h 后得到不同比表面积的样品，分别加入 2% 减水剂测定标准稠度用水量并倒入 160mm×40mm×40mm 的模具中，待终凝后拆模放入 20℃±2℃、相对湿度为 90%±5% 的标准养护箱内养护至规定龄期。养护到规定龄期测定强度。球磨处理对磷石膏试样抗折强度、抗压强度的影响见图 3-5、图 3-6。

从图中可以看出，随着磷石膏球磨时间的增加，试样的 3d、7d 和 28d 的抗折、抗压强度都有不同程度的提高，当磷石膏球磨时间大于 5min 时，试样的抗折、抗压强度增加不再明显。为了提高磷石膏水泥复合凝胶材料的强度，同时节约能源，磷石膏改性的最佳球磨时间设置在 5min 左右。

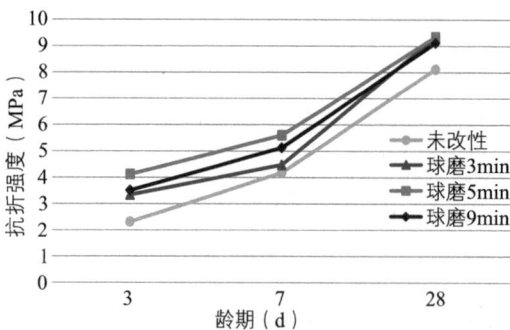

图 3-5　球磨处理对磷石膏试样抗折强度的影响

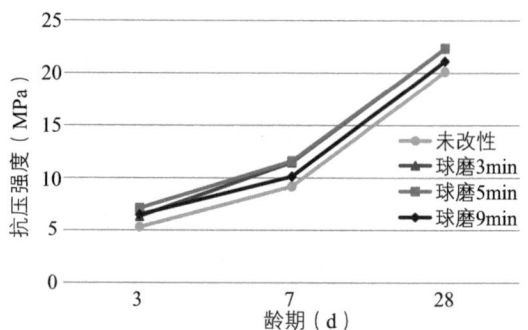

图 3-6　球磨处理对磷石膏试样抗压强度的影响

3.1.4　球磨对复合凝胶材料微观分析

比表面积分别为 264m²/kg、629m²/kg 的净浆试样水化 28d 的 XRD 分析图如图 3-7 所示。

随着磷石膏比表面积的增大，试样水化 28d 后，水化产物中的 C_3S、C_2S 的衍射峰有所减弱，而 $Ca(OH)_2$ 的衍射峰明显增强。这表明，增加磷石膏的比表面积，可以提高磷石膏的水化活性，磷石膏在凝胶材料水化过程中，与水泥中的活性成分生成更多的 C-S-H 凝胶，磷石膏比表面积小，生成的钙矾石比较少，试样中还有没有水化的磷石膏分离颗粒，同时也会存在一些较大的空隙。在提高磷石膏的比表面积时，生成了较多钙矾石等水化产物，水化产物相互连接较为紧密，其硬化体的致密性较好，进而增加水化硬化体的抗压、抗折强度。

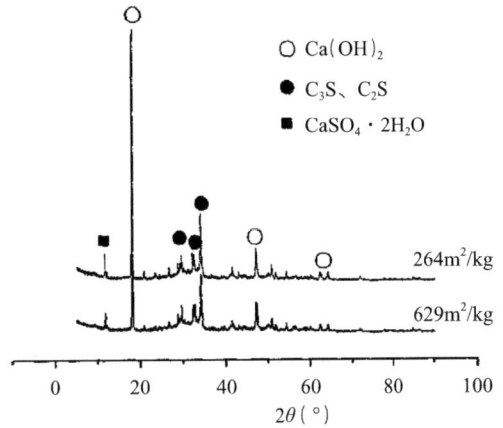

图 3-7 不同比表面积的磷石膏试样水化 28d 的 XRD 分析图

3.2 pH 对路用磷石膏的性能影响

通过外掺 30% 磷石膏并调整 pH 分别为 8、10、12，研究磷石膏 pH 对水泥混凝土强度的影响，如表 3-2 和图 3-8 所示。

由上可知，外掺 30% 磷石膏后，水泥胶砂 7d 抗压强度下降 26.8%、抗折强度下降 32.2%。通过掺加生石灰调整磷石膏的 pH，调整 pH 为 8 或 12 时，对强度下降问题的改善并不明显，pH 为 10 时的改善效果明显，抗压、抗折强度较原状磷石膏分别提高 21% 和 13%。

综上所述，通过掺加生石灰调整磷石膏的 pH，对改善磷石膏的缓凝问题无明显帮助，当 pH 调整为 10 时，能够改善磷石膏的强度下降问题。

磷石膏 pH 对水泥混凝土强度的影响　　　　表 3-2

试验编号	水泥（g）	磷石膏（g）	石灰（g）	标准砂（g）	水（g）	7d 抗压强度（MPa）	7d 抗折强度（MPa）
基准	450	0	0	1350	225	9.0	28.4
原状磷石膏	450	135	0	1215	225	6.1	20.8
pH=8	450	135	0.9	1215	225	6.5	21.0
pH=10	450	135	1.32	1215	225	6.9	25.2
pH=12	450	135	12.15	1215	225	5.8	22.7

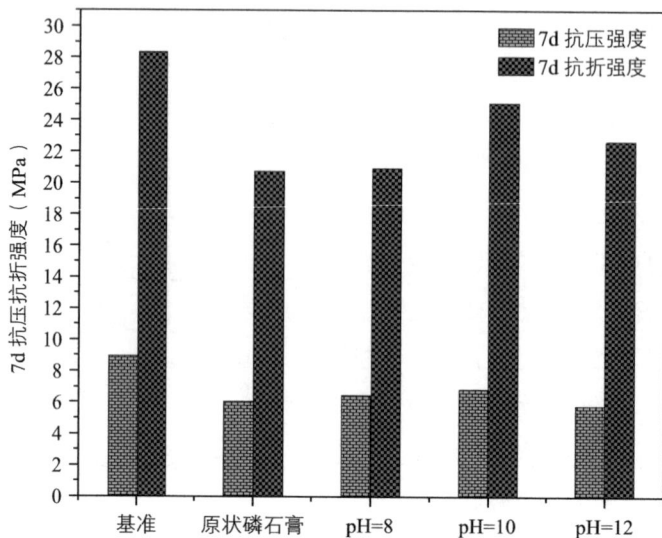

图 3-8   磷石膏 pH 对水泥混凝土强度的影响

3.3   本章小结

对于使用生石灰对磷石膏进行改性：生石灰改性前后其化学成分基本一致；生石灰和磷石膏混合物的水溶液呈弱酸性时，其活化指数较大，改性前后的活化指数都有所提高。当生石灰掺量为 4% 时，磷石膏的活化指数最佳，达到 88.3%；生石灰对磷石膏水泥基体水化过程的缓凝作用明显，大大增加了水泥砂浆的凝结时间和所需的标准稠度用水量；生石灰掺量为 3%～4% 的磷石膏水泥砂浆力学性能最好。

对于使用球磨法对磷石膏进行改性：在一定的时间内对磷石膏进行球磨处理，磷石膏的比表面积呈现线性增加，但球磨时间的延长也增大了能源，为了提高磷石膏复合胶凝材料的性能，同时节约能源，选取具有合适的比表面积的磷石膏来制备胶凝材料。随着磷石膏比表面积的增加，胶凝材料的抗压、抗折强度先增加后减小，在球磨 5min 时达到最大值。

第 4 章

磷石膏水泥泡沫
轻质土

4.1　试验材料及试验方法

4.1.1　试验材料

本章所用试验材料除了通过第 2 章处理后的磷石膏、水泥外，还用到了发泡剂、固化剂。

1. 发泡剂

采用植物性发泡剂，为棕红色液体，如图 4-1 所示，其性能指标见表 4-1。

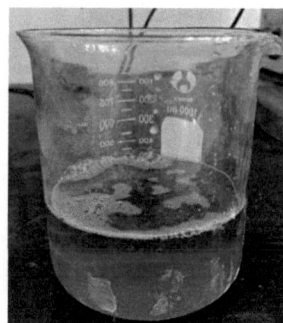

发泡剂性能指标　　　　表 4-1

外观	pH	发泡倍数	1h 沉降距（mm）	1h 泌水率（%）
棕红色液体	8.1	29	38	76

图 4-1　植物性发泡剂

2. 固化剂

有三种固化剂，固化剂 I 为复合调配制成，为淡黄色液体，如图 4-2（a）所示；固化剂 II 为棕黑色液体；固化剂 III 为蓝色固体粉末，如图 4-2（b）所示。

（a）固化剂 I　　　　　（b）固化剂 III

图 4-2　固化剂

4.1.2　试验仪器和方法

用到的主要试验仪器有发泡机、搅拌机、流动度圆筒、尺子、量筒及压力机。

1. 发泡机

采用小型水泥发泡机，如图 4-3 所示。

2. 搅拌机

采用 HX-15 型砂浆搅拌机，如图 4-4 所示。

3. 流动度圆筒

80mm×80mm 泡沫轻质土试验圆模，和尺子一起用于测试泡沫轻质土流值，如图 4-5 所示。

4. 量筒

1L 不锈钢量筒，用于测试泡沫轻质土湿密度，如图 4-6 所示。

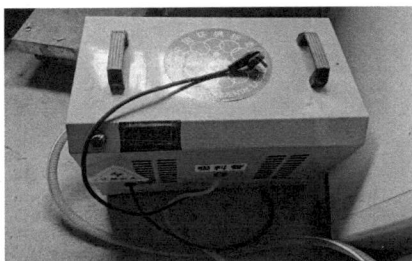

图 4-3　发泡机

图 4-4　搅拌机

图 4-5　流值测试工具

图 4-6　湿密度测试工具

5. 泡沫制备方法

将发泡剂与水按照 1∶40 比例均匀混合后，使用发泡机即可得到泡沫，如图 4-7 所示。

6. 泡沫轻质土制备工艺

将磷石膏、水泥等固体材料按比例均匀混合后，倒入搅拌机中，和水混合搅拌一定时间形成浆体。再与准备好的泡沫混合，继续搅拌一段时间后取样测试泡沫轻质土的湿密度和流值，最后倒入 100mm×100mm×100mm 立方体试模中进行浇筑成型，再按照试验要求进行养护，试件如图 4-8 所示。此过程可以总结为：制浆、发泡、泡浆混合、浇筑成型和养护，制备流程如图 4-9 所示。

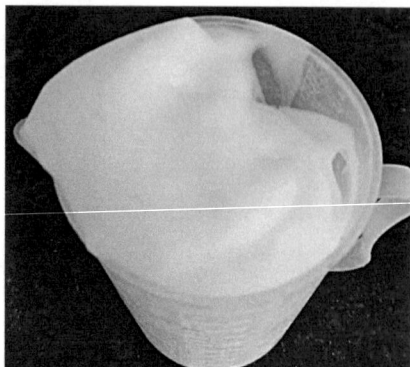

图 4-7　发泡机所制泡沫

图 4-8　泡沫轻质土

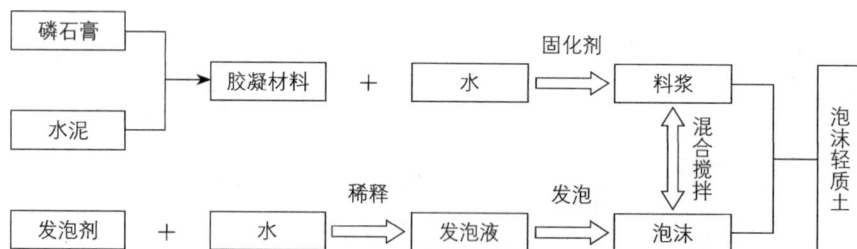

图 4-9　泡沫轻质土制备流程

7. 泡沫轻质土性能检测

泡沫轻质土的湿密度、流值、抗压强度和养护方法均按照《气泡混合轻质土填筑工程技术规程》CJJ/T 177—2012 进行检测。

4.2　泡沫轻质土性能指标

本章所制备的泡沫轻质土的湿密度、流值以及 28d 无侧限抗压强度均以满足《公路路基设计规范》JTG D30—2015 中对这三项性能指标的要求进行设计，泡沫轻质土湿密度、流值以及 28d 无侧限抗压强度性能指标如表 4-2 所示。

泡沫轻质土湿密度、流值以及 28d 无侧限抗压强度性能指标　　　　表 4-2

路基部位	28d 无侧限抗压强度（MPa）	湿密度（kg/m³）	流值（mm）
路床	应≥1.0	应在 500~1100	宜在 170~190
路堤	应≥0.6		

4.3 泡沫轻质土的成型质量

4.3.1 流动度对成型效果的影响

泡沫轻质土是将浆体与泡沫混合搅拌后成型的，泡沫在泡沫轻质土中充当填充物，一旦泡沫破裂，浆体失去泡沫的支撑，就会重新变回浆液。在泡沫轻质土中泡沫是依靠表面张力维持水膜内外压力平衡才能存在，一旦平衡被打破泡沫将破裂。因此要保证浆体与泡沫混合搅拌时泡沫不破裂，就要使泡沫表面的张力与浆体的张力达到平衡状态，这就要求浆体的流动度要适合。当流动度合适时，浆体与泡沫易于混合均匀，试件表面规整，如图 4-10（a）所示；当浆体流动度过小时，浆体搅拌不均匀变得干稠，与泡沫混合时易结团形成大量的粉状颗粒，如图 4-10（b）所示；当浆体流动度过大时，浆体易泌水，泡沫受到自由水挤压而汇聚，较小的气泡汇聚成大气泡最终破裂，同时气泡不能被完全包裹而受到不均匀应力，导致破裂，从而发生塌模现象或出现泡沫与浆体分层现象，如图 4-10（c）所示。

（a）正常成型

（b）颗粒结团

（c）塌模

图 4-10 泡沫轻质土成型状态

在不掺入减水剂的情况下，浆体的流动度是由用水量控制的，所以在制备泡沫轻质土时要合理控制水固比。经试验结果总结分析，本章所制备的泡沫轻质土，浆体流动度一般控制在 200～300mm，即水固比在 0.4～1.0 时能保证试件成型。

4.3.2 泡沫掺量对成型效果的影响

泡沫轻质土的密度是由泡沫掺量控制的，泡沫掺量越大，其密度越小，强度就越低。而且泡沫具有黏滞性，过量的泡沫导致泡沫轻质土稠化，降低泡沫轻质土流值。图 4-11（a）是泡沫掺入过量的泡沫轻质土。图 4-11（b）是泡沫掺入适量的泡沫轻质土。

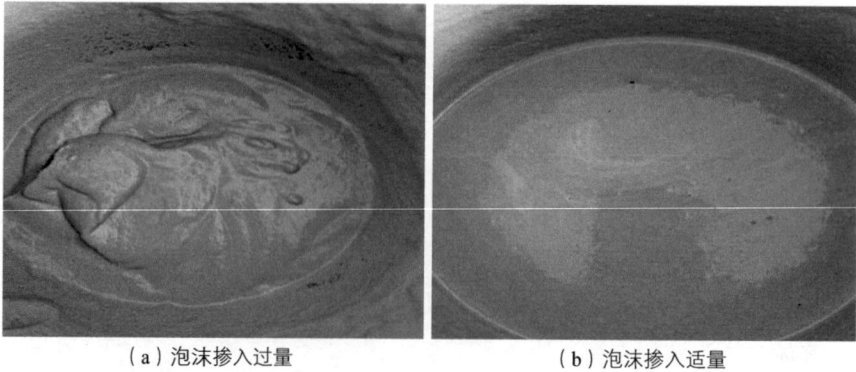

（a）泡沫掺入过量　　　　　　　　（b）泡沫掺入适量

图4-11　泡沫掺量对泡沫轻质土的影响效果

4.3.3　搅拌时间对成型效果的影响

由于所用搅拌机为单轴卧式砂浆搅拌机，转速是固定的，因此搅拌状态只能通过搅拌时间来控制。测试不同搅拌时间下泡沫轻质土流值和湿密度的变化，结果如图4-12所示。

由图4-12可以看到，随着搅拌时间增长，泡沫轻质土的流值逐渐减小，湿密度先减小后增大。究其原因，应当是搅拌时间短时搅拌得不充分，泡沫未能被浆体完全包裹；随着搅拌时间的增长，泡沫逐渐被浆体完全包裹，此时是泡沫轻质土最好的状态；当搅拌时间过长时，部分泡沫在机械力量的影响下破裂或聚集合成较大泡沫，影响泡沫轻质土的稳定性，因此最佳的搅拌时间以5min为宜。

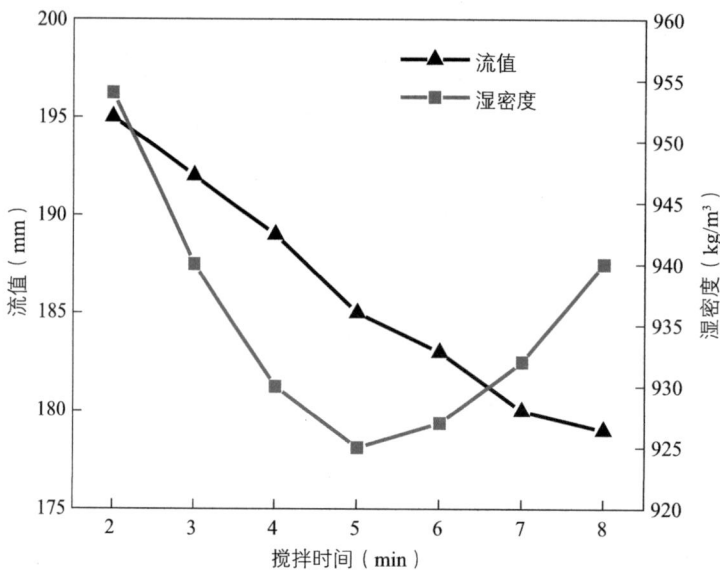

图4-12　不同搅拌时间下泡沫轻质土流值和湿密度的变化

4.3.4 成型质量

磷石膏与水泥制备泡沫轻质土，不掺加任何外加剂的情况下，磷石膏掺量为 30% 的泡沫轻质土如图 4-13（a）所示，图中的泡沫轻质土 7d 才脱模，且不完整，底层断裂厚度近 5mm，是泡沫与浆体分层导致。将试件放入压力机下测试其强度，压力机不能显示其数值，养护 28d 后测其强度，强度仅为 0.3MPa。在压力机下破碎后的情况见图 4-13（b）。磷石膏掺量为 40% 和 50% 的泡沫轻质土更是无法成型。

（a）成型后　　　　　　　　　　　　　（b）破碎后

图 4-13 磷石膏掺量为 30% 的泡沫轻质土

4.4 固化剂的选择

试验以磷石膏掺量为 40% 的胶凝材料为主要材料制备泡沫轻质土，研究三种固化剂对泡沫轻质土成型效果的影响，固化剂为外掺，结果如表 4-3 所示。

固化剂对泡沫轻质土成型效果的影响　　　　　　　　　表 4-3

固化剂种类	固化剂掺量（质量百分数）（%）	成型质量
I	1、3、5	0.5d 硬化，2d 正常脱模
II	1、3、5	塌模、无法硬化、无法成型
III	1、3、5	无法硬化、无法脱模

从表 4-3 可知，当固化剂 I 掺量为 1% 时，泡沫轻质土无法硬化成型。当掺量为 3%、5% 时，可正常成型且掺量越大硬化越快，如图 4-14（a）所示。固化剂 II、III 仍是无法使泡沫轻

质土成型，掺入固化剂Ⅱ直接塌模且长时间不硬化，还会向外渗水，如图 4-14（b）所示。掺入固化剂Ⅲ的泡沫轻质土也是无法硬化的，长时间保持类似于面包的松软状态，但仍能维持其形态，如图 4-14（c）所示。由此可知，固化剂Ⅰ的效果最好，并作为后续的固化剂选择。

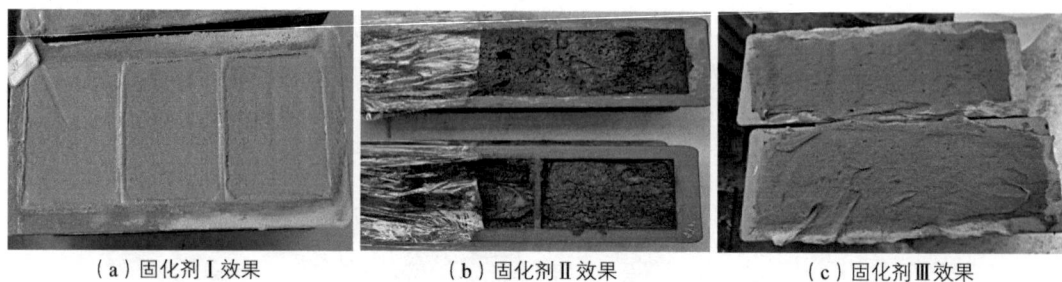

（a）固化剂Ⅰ效果　　　　　　（b）固化剂Ⅱ效果　　　　　　（c）固化剂Ⅲ效果

图 4-14　泡沫轻质土成型效果

4.5　磷石膏掺量对泡沫轻质土基本物理及力学性能的影响

本部分对添加固化剂Ⅰ与 $Ca(OH)_2$ 后的泡沫轻质土基本物理及力学性能进行研究。泡沫轻质土配合比为：固化剂Ⅰ（外掺）5%，$Ca(OH)_2$（外掺）2%，水固比 0.7，泡沫掺量 7%，水泥＋磷石膏 100%。分别研究磷石膏掺量为 10%、20%、30%、40%、50% 时泡沫轻质土的基本性能。试验结果如图 4-15 所示。

从图 4-15 可以看出，随着磷石膏掺量不断增大，泡沫轻质土的流值从 150mm 增大到 205mm，湿密度从 785kg/m³ 减小至 768kg/m³，后期抗压强度由 2.1MPa 持续下降至 0.4MPa，

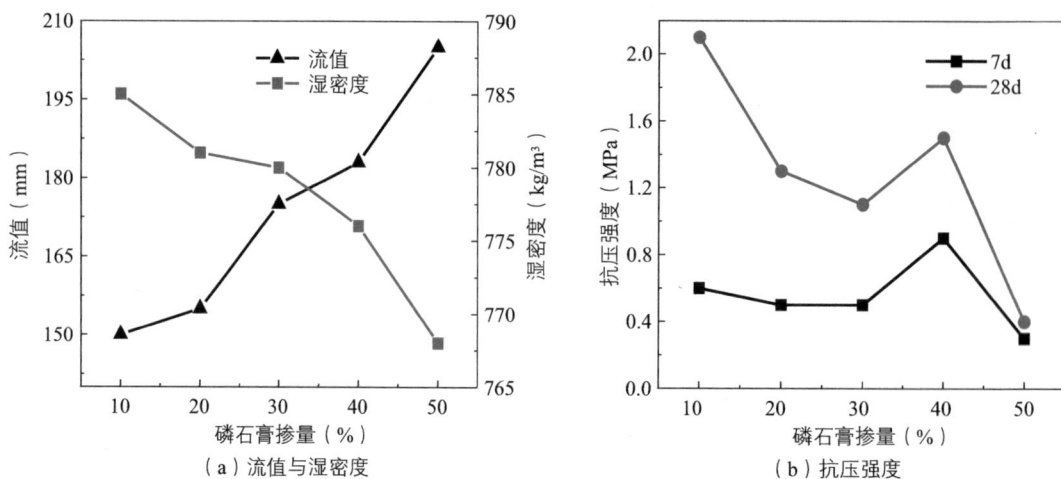

（a）流值与湿密度　　　　　　　　　（b）抗压强度

图 4-15　磷石膏掺量对泡沫轻质土性能的影响

尤其是在磷石膏掺量超过40%后直线下降，早期抗压强度较低，各掺量之间相差不大，以40%掺量最大，50%掺量最小。造成这种现象的原因，一方面磷石膏密度较小属于一种轻质材料，故相同体积下磷石膏占比越大，密度越小；另一方面磷石膏对水泥有缓凝作用，掺量越大，水泥量越少，强度越低；而由于磷石膏凝结时间长，早期强度增长缓慢，故早期强度基本一致。

4.6 泡沫轻质土的微观形貌与结构

图4-16是磷石膏掺量为50%的泡沫轻质土在SEM下的微观结构图，（a）为放大150倍下的整体性微观结构图，（b）为放大1000倍下的局部性微观结构图。

从图4-16（a）中可以看出，泡沫轻质土的内部分布着大量独立闭合的气孔，其气孔的形状多为圆形，这些大小不同的气孔共同构成了泡沫轻质土的主体结构，气孔大小不均匀。由图4-16（b）可以看出，气孔孔壁布满裂纹，气孔之间的固相连接体较薄。从微观角度分析，泡沫轻质土内部的气孔–孔壁结构是决定其无侧限抗压强度的关键，其中包裹着气孔的固相连接体是泡沫轻质土无侧限抗压强度的主要提供者。由此可知，这是磷石膏掺量为50%的泡沫轻质土强度较低的根本原因，验证了磷石膏水泥体系泡沫轻质土中磷石膏掺量不宜大于40%。

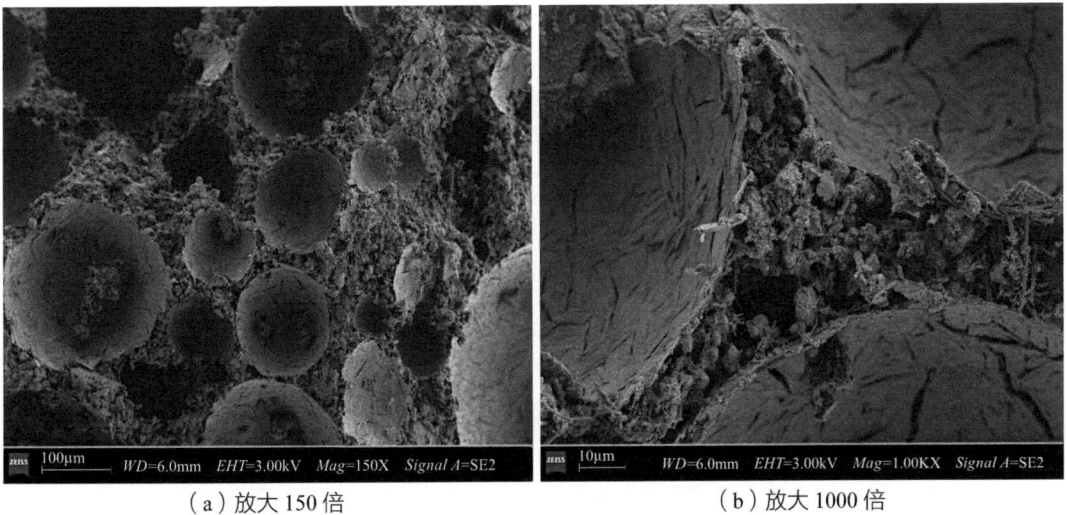

（a）放大150倍　　　　　　　　　　（b）放大1000倍

图4-16　泡沫轻质土在SEM下的微观结构图

4.7 本章小结

本章对磷石膏水泥体系泡沫轻质土进行了一系列研究，得出以下结论：

（1）泡沫轻质土的成型质量受浆体流动度、泡沫掺量以及搅拌时间的影响，磷石膏水泥泡沫轻质土浆体流动度在 200～300mm 为宜，搅拌时间以 5min 为宜。

（2）不掺任何添加剂的水泥磷石膏泡沫轻质土在磷石膏掺量分别为 20%、30% 时表现为硬化慢、脱模时间长，且后期强度极小；在磷石膏掺量为 40% 时表现为塌模现象或无法脱模成型，无法实现大规模利用。

（3）掺加固化剂 I 实现了磷石膏掺量为 50% 的泡沫轻质土的完整成型，但是强度较低；同时，通过对其进行微观结构分析可知，为了满足工程需要，掺加固化剂 I 的磷石膏水泥泡沫轻质土，其磷石膏掺量不宜超过 40%。

第 5 章

磷石膏水泥矿物掺合料泡沫轻质土

在水泥基泡沫轻质土中掺加磷石膏，当磷石膏用量超到 40% 时，泡沫轻质土强度会直线下降，当用量为 50% 已经远远达不到使用要求了，为此本章将矿物掺合料添加进磷石膏水泥泡沫轻质土中以提高其强度和磷石膏掺量，所用矿物掺合料有微硅粉、矿渣粉。本章以磷石膏掺量为 60% 为基准，研究磷石膏水泥矿物掺合料基体原材料配合比，在此基础上制备泡沫轻质土，并在泡沫轻质土满足使用要求的前提下，尝试提高磷石膏掺量。

5.1 试验材料和试验方法

5.1.1 试验材料

本章所用试验材料有发泡剂、减水剂、磷石膏、水泥、微硅粉、矿渣粉、硫铝酸盐水泥以及熟石灰，其中磷石膏和水泥介绍见第 2 章，发泡剂介绍见第 3 章。

1. 微硅粉

微硅粉采用灰白色 96 号高活性微硅粉，含水量为 0.3%，pH 为 7.3，比表面积为 $18m^2/g$。微硅粉的主要化学成分及含量见表 5-1。

微硅粉的主要化学成分及含量　　　　　　　　　　　表 5-1

化学成分	CaO	SiO_2	Al_2O_3	Fe_2O_3	Na_2O	C	其他
含量（%）	0.15	96	0.17	0.2	0.2	0.78	2.5

2. 矿渣粉

矿渣粉采用 S95 级高炉粒化矿渣粉。矿渣粉的物理化学性能指标见表 5-2，矿渣粉的主要化学成分及含量见表 5-3。

矿渣粉的物理化学性能指标　　　　　　　　　　　表 5-2

等级	比表面积（m^2/kg）	流动比（%）	密度（g/cm^3）	烧失量（%）	含水量（%）	活性指数（%）	
指标	≥400	≥95	≥2.8	≤1.0	≤1.0	7d≥70	28d≥95
S95	429.00	98.00	3.10	0.84	0.45	84.20	98.50

矿渣粉的主要化学成分及含量　　　　表5-3

化学成分	CaO	SiO₂	Al₂O₃	SO₃	Fe₂O₃	MgO	其他
含量（%）	34	34.5	17.7	1.64	1.03	6.01	5.12

3. 硫铝酸盐水泥

硫铝酸盐水泥采用快硬硫铝酸盐水泥。硫铝酸盐水泥的物理化学性能指标见表5-4。硫铝酸盐水泥的主要化学成分及含量见表5-5。

硫铝酸盐水泥的物理化学性能指标　　　　表5-4

水泥	比表面积（m²/kg）	烧失量（%）	安定性	凝结时间（min）		抗折强度（MPa）		抗压强度（MPa）	
				初凝	终凝	1d	3d	1d	3d
R.SAC42.5	408	10.05	合格	15	30	3.6	6.6	8.35	8.45

硫铝酸盐水泥的主要化学成分及含量　　　　表5-5

化学成分	SO₃	CaO	SiO₂	Al₂O₃	Fe₂O₃	Ti₂O	MgO	Na₂O	其他
含量（%）	12.50	45.30	7.23	18.60	4.30	0.87	1.35	0.3	0.72

4. 熟石灰

试验用熟石灰为高纯度熟石灰粉，其 $Ca(OH)_2$ 含量高达99%。

5.1.2　试验仪器和方法

本章基体所用试验仪器及试验方法如下：

1. 养护设备

采用 SHBY-40A 型水泥标准养护箱，养护条件为温度20℃±1℃，湿度大于或等于90%。

2. 强度测试仪器

采用 HYE-300B 型微机电液伺服压力试验机。

3. 初凝时间、终凝时间、强度测定

浆（基）体初凝时间、终凝时间测定按照《水泥标准稠度用水量、凝结时间、安定性检测方法》GB/T 1346—2011 的要求进行，浆（基）体抗压强度试件尺寸为40mm×40mm×160mm，强度测定方法按照《水泥胶砂强度检验方法（ISO法）》GB/T 17671—2021 的要求进行。

泡沫轻质土所用试验仪器与试验方法和4.1.2所用试验仪器及方法一致。

5.2 磷石膏水泥微硅粉基体配合比研究

5.2.1 水泥微硅粉掺量比对基体力学性能的影响

磷石膏因为不具有胶凝性，且其对水泥水化会产生一些负面作用，故选择超细的微硅粉对磷石膏进行裹覆。虽然在磷石膏-水泥-微硅粉体系中，微硅粉所占比例低，但其作用是不可忽略的，微硅粉不仅对磷石膏起到裹覆作用，而且作为矿物掺合料对水泥起到强化作用。考虑到经济技术指标，固定磷石膏掺量为 60%。水泥、微硅粉按以下比值配料。不同水泥微硅粉比的基体配合比见表 5-6。

不同水泥微硅粉比的基体配合比 表 5-6

编号	P·O 42.5（%）	微硅粉（%）	磷石膏（%）	熟石灰（%）	水固比	减水剂（%）
A1	40	0	60	2	0.3	0.3
A2	36	4	60	2	0.3	0.3
A3	32	8	60	2	0.3	0.3
A4	28	12	60	2	0.3	0.3
A5	24	16	60	2	0.3	0.3
A6	20	20	60	2	0.3	0.3

水泥微硅粉掺量比对抗压强度、抗折强度的影响如图 5-1 所示。由图中可以看出，组别为 A3 的试块，即在磷石膏掺量固定为 60% 的情况下，水泥微硅粉比为 4∶1 时，其 7d 和 28d 的抗折强度和抗压强度均为最高。随着水泥用量的减少，强度逐渐降低。出现上述现象的原因为：水泥作为一种胶凝材料，减少这一胶凝材料的用量后上述作用减弱，导致强度降低。故选择磷石膏∶水泥∶微硅粉 = 60∶32∶8 的最佳配合比进行试验。

5.2.2 熟石灰对基体力学性能的影响

熟石灰的主要成分是 $Ca(OH)_2$，它能使磷石膏中可溶磷等有害酸性杂质转变为惰性的难溶盐，从而降低磷石膏中有害可溶性磷对磷石膏砌块的不良影响，使磷石膏砌块的凝结硬化趋于正常状态。根据初步探测试验设计不同配合比，在考虑经济技术指标的基础上，确定生石灰掺量，最终达到高强度的配合效果。不同熟石灰掺量的基体配合比见表 5-7。

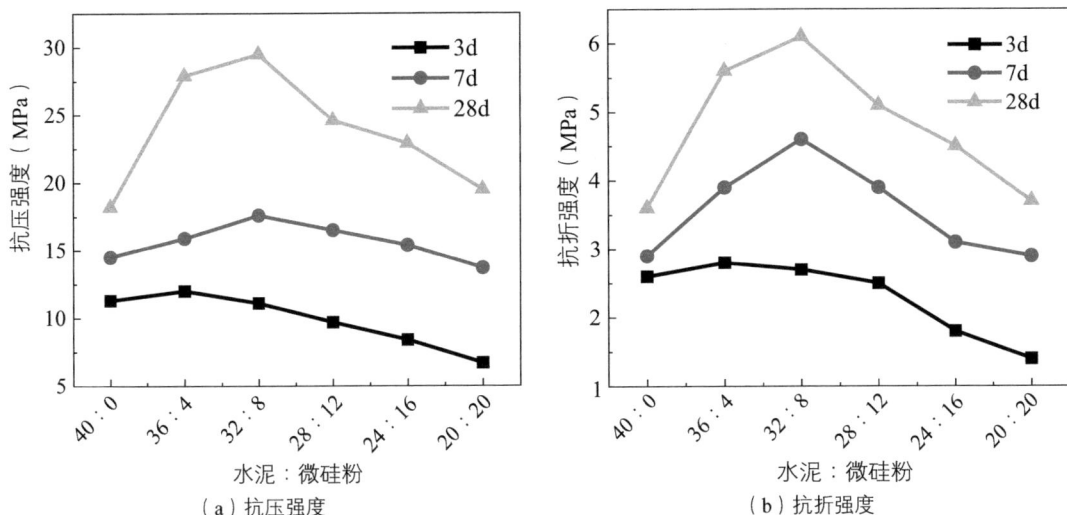

（a）抗压强度　　　　　　　　　（b）抗折强度

图 5-1　水泥微硅粉掺量比对抗压强度、抗折强度的影响

不同熟石灰掺量的基体配合比　　　　　　　　　　表 5-7

编号	水泥 P·O 42.5（%）	微硅粉（%）	磷石膏（%）	熟石灰（%）	水固比	减水剂（%）
B1	32	8	60	0	0.3	0.3
B2	32	8	60	1	0.3	0.3
B3	32	8	60	2	0.3	0.3
B4	32	8	60	3	0.3	0.3
B5	32	8	60	5	0.3	0.3
B6	32	8	60	7	0.3	0.3

　　熟石灰掺量对抗压强度、抗折强度的影响如图 5-2 所示。由图中可知，当 $Ca(OH)_2$ 掺量不超过 2% 时，随着 $Ca(OH)_2$ 掺量的增加，强度逐步上升；当 $Ca(OH)_2$ 掺量超过 2% 时，强度随着 $Ca(OH)_2$ 掺量的增加而明显减小，且减小梯度较大。掺加 $Ca(OH)_2$ 的四组试样，其早期强度都高于 B1。水泥水化后生成水化硅酸钙（C-S-H）凝胶、$Ca(OH)_2$ 和钙矾石，由于 $Ca(OH)_2$ 的加入，加速了水泥水化的速度。由于 $Ca(OH)_2$ 的加入使得液相中的 Ca^{2+} 浓度进一步增加，磷石膏中的硫酸钙与 Ca^{2+} 和从水泥中溶出的 Al^{3+} 反应生成较多钙矾石，水化产物的积累使得浆体内部逐渐密实，强度不断提高。再者磷石膏呈弱酸性会阻碍（C-S-H）凝胶的形成，适量地加入 $Ca(OH)_2$ 可以改变液相的 pH。当 $Ca(OH)_2$ 浓度过量时，一方面液相中 Ca^{2+} 浓度进一步增加，使得钙矾石积累量巨大，过量的钙矾石会随着时间的推移而不断膨胀，破坏试件内部结构，从而降低强度；另一方面，过量的 Ca^{2+} 与磷石膏中残留的磷杂质结合生成

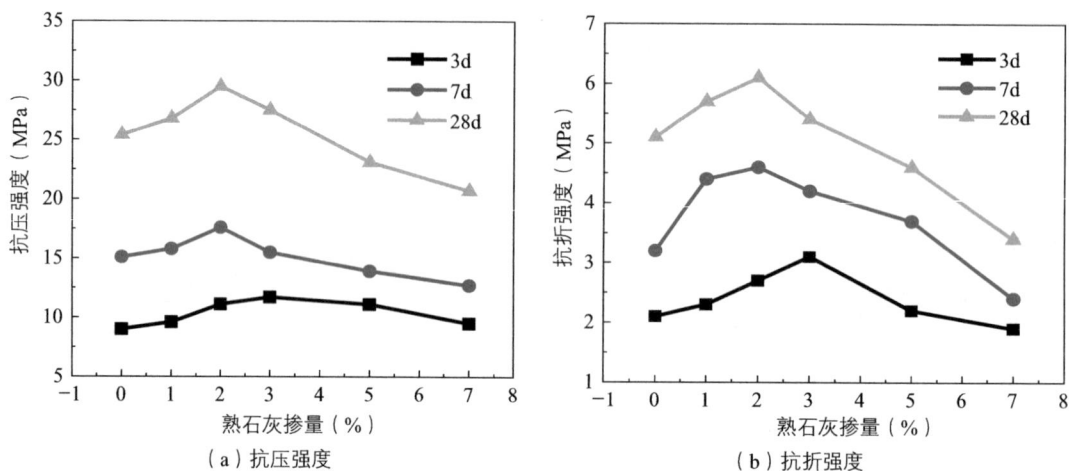

图 5-2　熟石灰掺量对抗压强度、抗折强度的影响

磷酸钙沉淀［$Ca_3(PO_4)_2$］并附着在颗粒表面，对水泥和磷石膏的水化过程有抑制作用。因此，选择熟石灰掺量为 2% 进行试验。

5.2.3　硫铝酸盐水泥对基体的影响

硫铝酸盐水泥作为一种快硬速凝水泥，不仅凝结时间短，终凝时间仅为 30min；而且力学性能很好，可以增强基体力学性能。此外，磷石膏中的硫酸盐可在一定程度上促进硫铝酸盐水泥的早期水化，缩短基体凝结时间。固定熟石灰掺量为 2%、磷石膏∶水泥∶微硅粉 = 60∶32∶8，水固比为 0.3，减水剂含量为 0.3%，研究不同硫铝酸盐水泥掺量对基体凝结时间和抗压强度的影响，如表 5-8 所示。

不同硫铝酸盐水泥掺量对基体凝结时间和抗压强度的影响　　　　　表 5-8

编号	硫铝酸盐水泥掺量（%）	初凝时间（min）	终凝时间（min）	3d 抗压强度（MPa）	7d 抗压强度（MPa）	28d 抗压强度（MPa）
C1	0	950	1240	11.1	17.6	29.5
C2	2	440	855	9.7	19.6	29.9
C3	4	150	450	13.5	20.7	30.5
C4	6	105	390	11.8	21.0	31.0
C5	8	95	375	10.2	20.9	30.1
C6	10	80	350	11.8	20.1	29.7

由表中可知，加入硫铝酸盐水泥使得基体的凝结时间明显缩短，初凝时间由 C1 的 950min 迅速缩短至 440min 甚至是 80min，终凝时间由 C1 的 1240min 迅速缩短至 855min 甚至是 350min，而且随着掺量的不断增加，凝结时间呈递减趋势。硫铝酸盐水泥在同一掺量下，基体的强度随龄期的增长而持续增加；各个时期基体的抗压强度相差不大，且没有明显的强弱规律，尤其是后期强度最大的 C4 仅比最小的 C1 大 1.5MPa，故硫铝酸盐水泥对凝结时间的影响较大，几乎不影响基体的最终强度。从终凝时间及经济效益上看，选择编号 C3 即硫铝酸盐水泥掺量为 4% 用作泡沫轻质土促凝剂为宜。

5.2.4 基体的微观形貌与结构

磷石膏基体的抗压强度、抗折强度主要取决于其内部的微观结构，同时磷石膏、水泥及微观粉的最终水化产物不仅性能会影响基体强度，还会导致内部结构发生改变。因此，为了更好地了解基体内部结构和水化产物，对具有较优配比的 C3 进行了电子显微镜（SEM）扫描分析，并对其微观机理进行讨论。图 5-3 为磷石膏基体在 SEM 下分别放大 1000 倍、5000 倍以及 10000 倍的微观结构图。

（a）放大 1000 倍　　　（b）放大 5000 倍　　　（c）放大 10000 倍

图 5-3　磷石膏基体在 SEM 下的微观结构图

从图 5-3 可以看出，（a）中试件结构比较平整，无显著的空隙和开裂，其上分布着零零散散的附着物；进一步放大后的（b）、（c）中出现了大量的胶粘物质，并且这些胶粘物质将板块状磷石膏牢牢地固定住，这是由于微硅粉的细度较大，能够填补磷石膏和水泥之间的缝隙，从而紧紧地包裹住磷石膏和水泥，加强水泥对磷石膏的粘结力，同时微硅粉颗粒还能填补试件结构中一些细小的裂缝，增加其密实度，使得基体微观结构更加完整。除此之外，微硅粉中含有大量的活性 SiO_2，与熟石灰发生化学反应生成硅酸钙，促进水泥水化过程，提高早期和最终强度。由此可得，微硅粉的加入增加了基体的密实度，提高了基体的力学性能。

5.3　磷石膏水泥微硅粉泡沫轻质土湿密度及力学性能影响因素分析

泡沫轻质土原料配比以基体的配合比为基础，即磷石膏掺量为60%，水泥∶微硅粉＝32∶8，熟石灰掺量（外掺）为2%，硫铝酸盐水泥掺量（外掺）为4%，减水剂为0.5%，探究磷石膏掺量、水固比和泡沫掺量对泡沫轻质土性能的影响。因为微硅粉的细度较大，导致泡沫轻质土的流值较小，因而本小节不研究泡沫轻质土的流动度。

5.3.1　磷石膏掺量对泡沫轻质土的影响

固定水固比为0.5、泡沫掺量为4%，讨论磷石膏掺量对泡沫轻质土性能的影响，如图5-4所示。

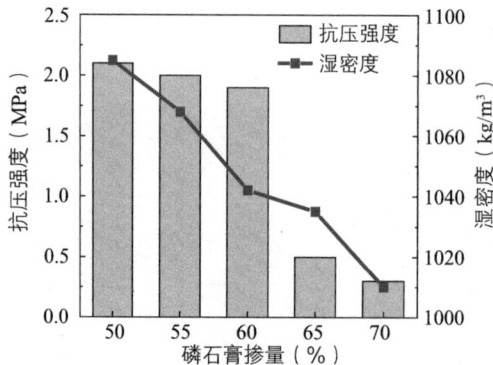

图5-4　磷石膏掺量对泡沫轻质土性能的影响

从图中可以看出，随着磷石膏掺量的不断增大，泡沫轻质土的湿密度和抗压强度在不断减小。随着磷石膏掺量由50%增加至70%，湿密度由1085kg/m³减小至1010kg/m³，强度由2.1MPa减小至0.3MPa，尤其当磷石膏掺量超过60%时，抗压强度直线减小，由1.9MPa直接减小到0.5MPa，已不能满足使用要求，故磷石膏水泥微硅粉泡沫轻质土中的磷石膏掺量不能超过60%。

5.3.2　水固比对泡沫轻质土的影响

水固比是影响泡沫轻质土制备的关键因素之一，减水剂和水固比的作用一致，浆体的黏稠度对泡沫轻质土的密度和强度有着一定的影响。固定磷石膏掺量为60%、泡沫掺量为4%，讨论水固比对泡沫轻质土性能的影响，如图 5-5 所示。

　　由图中可以看出，随着水固比的增加，泡沫轻质土的湿密度从 1300kg/m³ 逐步减小为 940kg/m³，而抗压强度呈先增后降的趋势，且水固比在 0.4 时抗压强度达到峰值 2.1MPa。由于水固比为 0.3 时，用水量过少导致浆体无法拌合均匀，少量材料处于半干状态，聚合度不够，加入泡沫后结团形成大量的粉粒颗粒；用水量过多，自由水含量增加，烘干后气孔率增大，强度降低，还会导致浆体流动度过大，则会致使泡沫上浮与浆体出现分层。因此在减水剂掺量为 0.5% 的情况下，可控制水固比在 0.4 ~ 0.5 为宜。

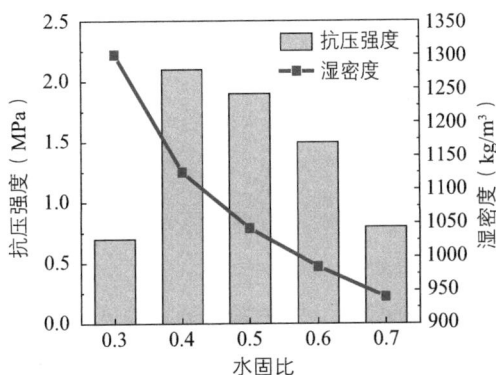

图 5-5　水固比对泡沫轻质土性能的影响

5.3.3　泡沫掺量对泡沫轻质土的影响

　　泡沫掺量对于强度的影响很大，随着泡沫掺量的增加，试块的强度迅速下降；泡沫掺量同时也是决定泡沫轻质土密度的主要因素。固定磷石膏掺量为 60%，水固比为 0.5，讨论泡沫掺量对泡沫轻质土性能的影响，如图 5-6 所示。

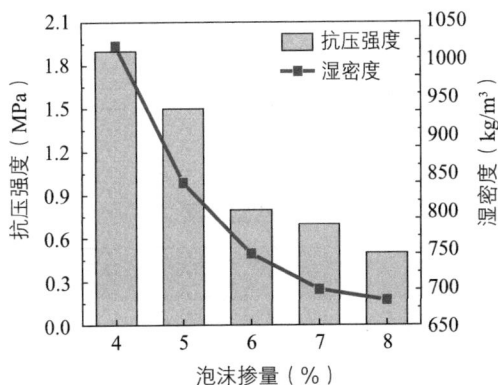

图 5-6　泡沫掺量对泡沫轻质土性能的影响

由图中可以看出，泡沫轻质土湿密度和强度随着泡沫掺量的增加而降低，且具有较强的相关性。随着泡沫掺量从 4% 到 8%，湿密度由 1042kg/m³ 下降到 685kg/m³，相应强度由 1.9MPa 减小到 0.5MPa，泡沫掺量 7% 时强度为 0.7MPa，满足路基填料使用要求的泡沫掺量为 4% ~ 7%。改变泡沫掺量是控制泡沫轻质土湿密度和强度最有效的途径，因此可根据此图调整泡沫掺量，以制备不同湿密度和强度要求的泡沫轻质土。

5.4 磷石膏水泥矿渣粉基体配合比研究

上述试验中，以磷石膏作为主要原材料、水泥作为主要胶凝材料，辅以微硅粉制成泡沫轻质土，但是加入微硅粉后泡沫轻质土流值很小，不利于泵送施工。同时，微硅粉产量较少，成本略高。因此，下文探究以更低成本的矿渣粉替代微硅粉作为辅助胶凝材料制备泡沫轻质土，且加入矿渣粉可有效提高浆体的流动度。

由于试验因素的多样性和不确定性，本试验采用正交实验进行基体配比的探究。试验探究了不同掺量的水泥、矿渣粉、熟石灰和硫铝酸盐水泥对基体抗压强度（单指标）的影响。表 5-9 为磷石膏基体正交实验表，列出了所使用的三因素三水平正交实验所选取的因素和水平。表 5-10 为正交实验结果。

磷石膏基体正交实验表　　　　　　　　表 5-9

水平	因素		
	水泥∶矿渣粉（A）	熟石灰（B）	硫铝酸盐水泥（C）
1	3∶1	2%	2%
2	2∶2	4%	4%
3	1∶3	6%	6%

注：水固比为 0.3。

正交实验结果　　　　　　　　表 5-10

试验号	水泥∶矿渣粉（A）	熟石灰（B）	硫铝酸盐水泥（C）	28d 抗压强度（MPa）
1	3∶1	2%	2%	25.4
2	3∶1	4%	4%	23.5

续表

试验号	水泥：矿渣粉（A）	熟石灰（B）	硫铝酸盐水泥（C）	28d 抗压强度（MPa）
3	3：1	6%	6%	24.8
4	2：2	4%	6%	25.7
5	2：2	6%	2%	23.3
6	2：2	2%	4%	24.4
7	1：3	6%	4%	22.5
8	1：3	2%	6%	23.1
9	1：3	4%	2%	19.4

对实验结果数据进行处理，得到磷石膏基体正交实验结果直观分析表（表 5-11）。磷石膏基体正交实验曲线效应图见图 5-7。

磷石膏基体正交实验结果直观分析表　　　　　　表 5-11

水平	因素		
	水泥：矿渣粉（A）	熟石灰（B）	硫铝酸盐水泥（C）
均值 1	24.57	24.30	22.70
均值 2	24.47	22.87	23.47
均值 3	21.67	23.53	24.53
极差 R	2.90	1.43	1.83

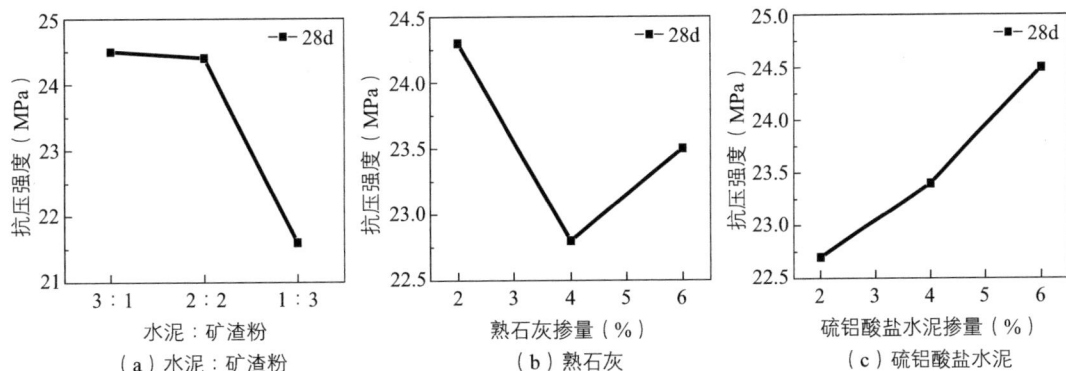

（a）水泥：矿渣粉　　　（b）熟石灰　　　（c）硫铝酸盐水泥

图 5-7　磷石膏基体正交实验曲线效应图

从正交实验直观分析表中可以看到，在固定水固比为 0.3 的情况下，通过得到极差值 *R* 的大小，我们可以判断，在固定磷石膏掺量和水固比之后，其余因素的主次顺序为：水泥：矿渣粉（A）＞硫铝酸盐水泥（C）＞熟石灰（B）。各个因素水平顺序为：

（1）水泥：矿渣粉：3：1＞2：2＞1：3

（2）硫铝酸盐水泥掺量：6%＞4%＞2%

（3）熟石灰掺量：2%＞6%＞4%

故实验最优方案：水泥：矿渣粉为 3：1、硫铝酸盐水泥掺量为 6%、熟石灰掺量为 2%。

验证实验结果受因素水平波动还是实验误差的影响的大小程度，对正交实验结果进行方差分析，见表 5-12。

正交实验结果方差分析   表 5-12

因素	离差平方和	自由度	F 比[①]	F 临界值
水泥：矿渣粉	16.26	2	1.69	9
熟石灰掺量	3.07	2	0.32	9
硫铝酸盐水泥掺量	5.06	2	0.53	9
误差	28.92	2	—	—

① F 比（F-ratio）是用于方差分析（ANOVA）中的一个统计量，它用于检验不同因素对实验结果的影响是否显著。F 比是通过比较不同因素水平之间的方差（组间方差）与随机误差的方差（组内方差）来计算的。

由表 5-12 可知，水泥：矿渣粉、熟石灰掺量、硫铝酸盐水泥掺量的 F 比全部小于 F 临界值，无显著影响，所以实验数据的波动主要原因来自试验误差的影响。

矿渣粉是一种潜在的水硬性胶凝材料，一定范围内矿渣粉水泥中矿渣粉含量越高，力学性能越好。对于水泥与矿渣粉的比值，3：1 组合比的平均强度最大，但 2：2 组合比与其相差极小，且 2：2 组合比中存在单组试件强度最大，故选择水泥与矿渣粉的掺量比为 2：2。

图 5-8 为不同水泥与矿渣粉掺量比的磷石膏基体在 SEM 下的微观结构图。其中（a）为水泥与矿渣粉掺量比为 3：1 时的微观结构图，（b）为水泥与矿渣粉掺量比为 2：2 时的微观结构图。从（a）中可知，当水泥与矿渣粉的掺量比为 3：1 时，由于水泥过多与矿渣粉没有全部进行充分水化，同时磷石膏对多余的水泥产生不利的影响，造成水泥与矿渣粉的水化产物不足以覆盖磷石膏，故抗压强度达不到最大值。从（b）中可知，当水泥与矿渣粉的掺量比为 2：2 时，水泥量与矿渣粉量等同，水泥能够与矿渣粉充分反应生成水化产物对磷石膏进行覆盖。所以相较于 3：1 组试样，2：2 组试样结构更加紧密、稳定。

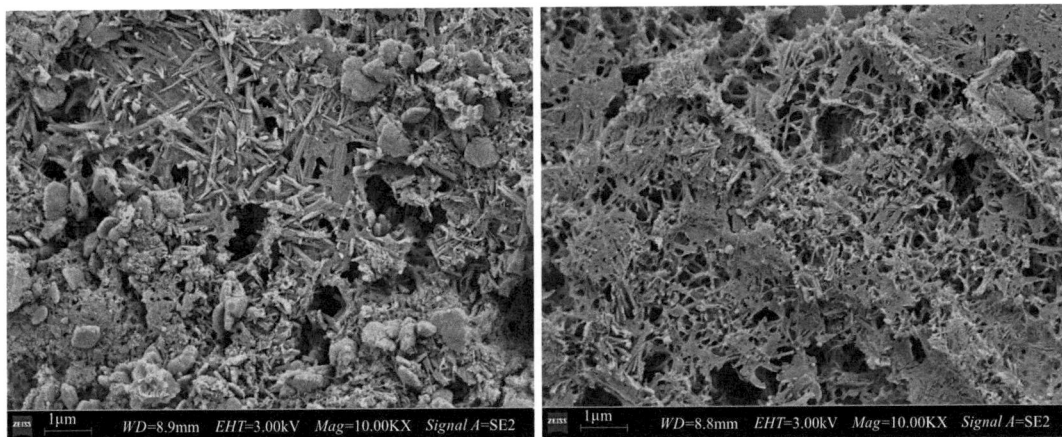

（a）水泥：矿渣粉=3：1　　　　　　　　（b）水泥：矿渣粉=2：2

图 5-8　磷石膏基体在 SEM 下的微观结构图

硫铝酸盐水泥的加入提高浆体早期硬化强度，并在反应中产生一定热量，增加早期的水化反应，提升早期强度，不易塌模，硫铝酸盐水泥掺量以正交实验最优掺量 6% 为准。

熟石灰主要成分是 $Ca(OH)_2$，它能够中和磷石膏，调节 pH 的作用。同时熟石灰作为碱性激发剂，能够激发矿渣粉生成难溶于水的水化产物，有利于基体抗压强度的增加。当熟石灰掺量超过最佳值后，随着熟石灰掺量的增加，基体抗压强度反而会降低。这是由于过量的熟石灰在消化过程中伴随着体积膨胀和放热，试块因此产生大量的气孔，严重时可引起试块开裂（图 5-9）。故熟石灰掺量以正交实验最优掺量 2% 为准。

综上所述，基体材料的最佳配比为：磷石膏掺量为 60%、水泥与矿渣粉的掺量比为 2：2、熟石灰掺量为 2%、硫铝酸盐水泥掺量为 6%。

图 5-9　熟石灰掺量较大引起的试块开裂

5.5　磷石膏水泥矿渣粉泡沫轻质土基本物理及力学性能影响因素分析

泡沫轻质土原料配比以基体的配合比为基础，即磷石膏掺量为 60%，水泥与矿渣粉的掺量比为 2：2，熟石灰掺量（外掺）为 2%，硫铝酸盐水泥掺量（外掺）为 6%，减水剂掺量为 0.5%，探究磷石膏掺量、水固比、泡沫掺量对泡沫轻质土性能的影响。

5.5.1 磷石膏掺量对泡沫轻质土的影响

固定水固比为 0.5、泡沫掺量为 4%，讨论磷石膏掺量对泡沫轻质土性能的影响，如图 5-10 所示。

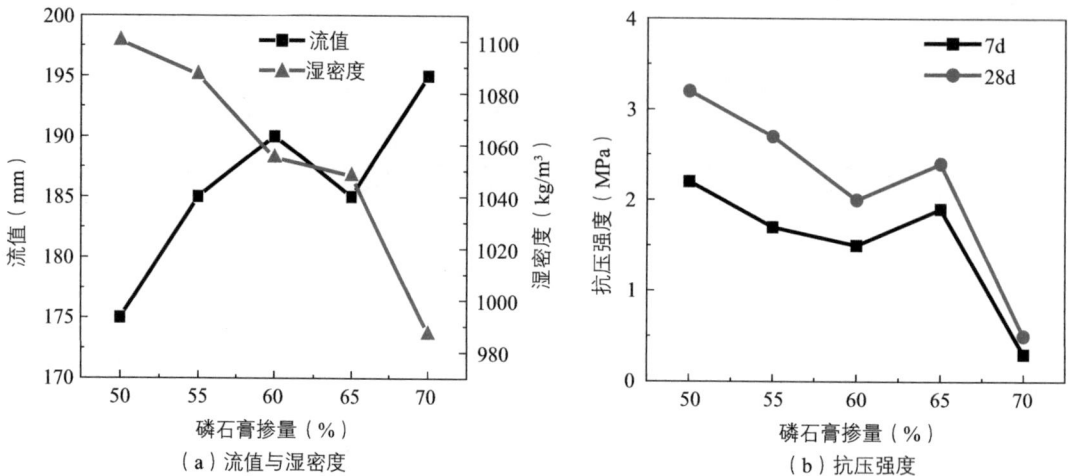

图 5-10 磷石膏掺量对泡沫轻质土性能的影响

由图中可知，泡沫轻质土的流值、湿密度和抗压强度都随磷石膏掺量的增大而减小。随着磷石膏掺量由 50% 增加至 70%，流值由 175mm 增大至 195mm，湿密度由 1100kg/m³ 减小至 987kg/m³，强度由 3.2MPa 减小至 0.5MPa，当磷石膏掺量超过 65% 时，抗压强度直线下降，由 65% 掺量组的 2.4MPa 直接下降至 70% 掺量组的 0.5MPa。由此可知，磷石膏水泥矿渣粉泡沫轻质土在磷石膏掺量为 65% 时，其能满足使用要求。但当磷石膏掺量为 70% 时不满足使用要求，故磷石膏水泥矿渣粉泡沫轻质土中的磷石膏掺量不宜大于 65%。

5.5.2 水固比对泡沫轻质土的影响

固定磷石膏掺量为 65%、泡沫掺量为 4%，讨论水固比对泡沫轻质土性能的影响，如图 5-11 所示。

由图中可知，随着水固比的增加，流值从 175mm 逐渐增加至 215mm，湿密度从 1152kg/m³ 逐渐减小至 954kg/m³；而抗压强度呈先增后降的趋势，且在水固比为 0.5 时达到峰值 2.4MPa。这是由于：水固比过小将会导致浆体无法拌合均匀，出现聚团现象，水化反应不彻底；水固比过大将会导致自由水含量增加，气孔率增大，强度降低，浆体流动度过大会致使泡沫上浮与浆体出现分层。因此，在掺入减水剂的情况下，可控制水固比在 0.4～0.5。

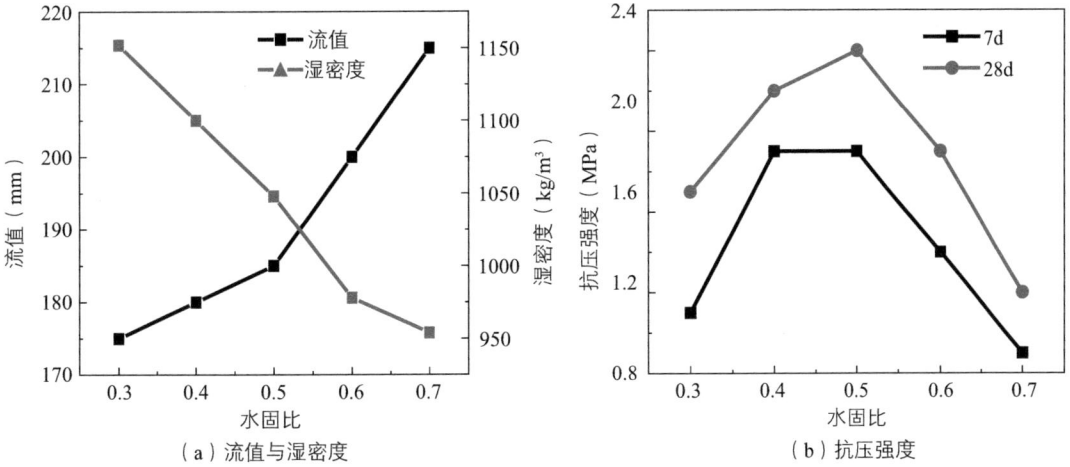

（a）流值与湿密度　　　　　　　　　（b）抗压强度

图 5-11　水固比对泡沫轻质土性能的影响

5.5.3　泡沫掺量对泡沫轻质土的影响

固定磷石膏掺量为65%、水固比为0.5，讨论泡沫掺量对泡沫轻质土性能的影响，如图 5-12 所示。

由图中可知，泡沫轻质土流值、湿密度、抗压强度变化趋势具有一致性，随着泡沫掺量的增加而减小。随着泡沫掺量从 0.02 增加至 0.1，流值从 220mm 减小至 160mm，湿密度由 1400kg/m³ 减小至 515kg/m³，抗压强度由 4.5MPa 减小至 0.54MPa。当泡沫掺量未超过 8% 时，泡沫轻质土满足路基使用要求，可参考此结果制备不同湿密度、强度要求的磷石膏水泥矿渣粉泡沫轻质土。

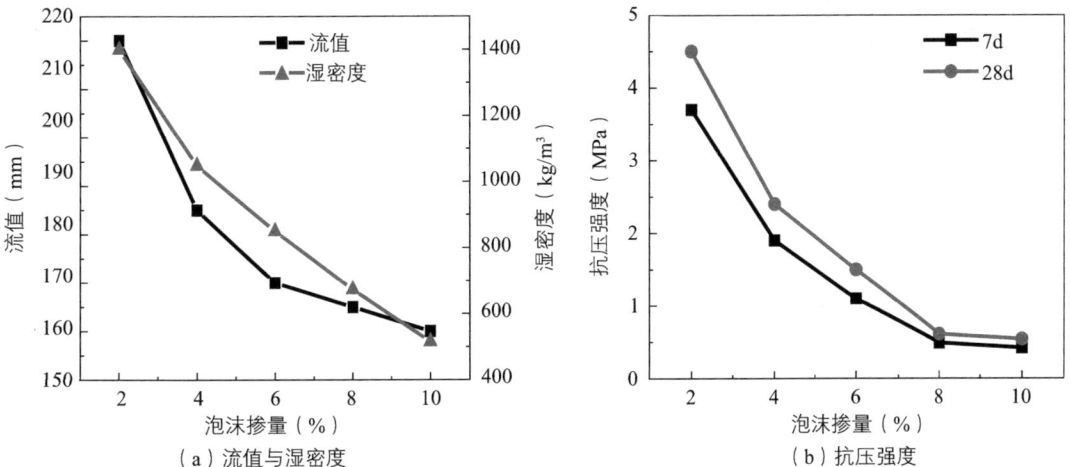

（a）流值与湿密度　　　　　　　　　（b）抗压强度

图 5-12　泡沫掺量对泡沫轻质土性能的影响

5.6　不同类型的矿物掺合料泡沫轻质土对比分析

由以上对磷石膏水泥微硅粉体系（PGCF）泡沫轻质土和磷石膏水泥矿渣粉体系（PGCS）泡沫轻质土的工艺参数的探讨可知，PGCF泡沫轻质土的最优配合比为：熟石灰掺量（外掺）为2%，硫铝酸盐水泥掺量（外掺）为4%，减水剂掺量（外掺）为0.5%，磷石膏掺量为50%～60%，水泥与微硅粉的掺量比为4∶1，水固比为0.4～0.5，泡沫掺量根据湿密度、强度要求而定。

PGCS泡沫轻质土的最优配合比为：熟石灰掺量（外掺）为2%，硫铝酸盐水泥掺量（外掺）为6%，减水剂掺量（外掺）为0.5%，磷石膏掺量为50%～65%，水泥与微硅粉的掺量比为1∶1，水固比为0.4～0.5，泡沫掺量根据湿密度、强度要求而定。两种产品体系的泡沫轻质土性能对比及其规范要求如表5-13所示。

两种产品体系的泡沫轻质土性能对比及其规范要求　　　　　　表5-13

磷石膏掺量（%）	磷石膏水泥微硅粉体系			磷石膏水泥矿渣粉体系			规范要求
	湿密度（kg/m³）	流值（mm）	抗压强度（MPa）	湿密度（kg/m³）	流值（mm）	抗压强度（MPa）	
50	1085	140	2.1	1100	175	3.2	路堤强度≥0.6
55	1068	140	2.0	1087	185	2.7	路床强度≥1.0
60	1042	140	1.9	1055	190	2.0	流值为170～190mm
65	1035	140	0.5	1048	185	2.4	湿密度为500～1100kg/m³
70	1010	140	0.3	987	195	0.5	

由表中可知，同一磷石膏掺量下PGCS泡沫轻质土抗压强度普遍高于PGCF泡沫轻质土。在满足强度要求下，PGCS泡沫轻质土磷石膏掺量可以达到65%，明显高于PGCF泡沫轻质土的60%；PGCF泡沫轻质土流值较低，不满足规范要求。

从图5-13中可以看出，PGCS泡沫轻质土表面较为光滑干净，表面气孔较少；而PGCF泡沫轻质土表面较为粗糙，气孔较为明显。相较之下，PGCS泡沫轻质土完整度更高。

5.7　本章小结

本章主要对以磷石膏为主要原材料的PGCF泡沫轻质土和PGCS泡沫轻质土的基体和使用

(a) PGCF 泡沫轻质土　　　　　　　　(b) PGCS 泡沫轻质土

图 5-13　磷石膏泡沫轻质土外观图

其所制备的泡沫轻质土进行了研究，熟石灰、硫铝酸盐水泥及减水剂为外掺，得到以下结论：

（1）通过单因素试验得出 PGCF 基体原材料最优配方：熟石灰掺量为 2%，硫铝酸盐水泥掺量为 4%，磷石膏掺量为 60%，水泥与微硅粉的掺量比为 4∶1。

（2）以基体最优配方为基准配比制备的 PGCF 泡沫轻质土中，磷石膏最大掺量为 60%，此掺量下泡沫轻质土最优配合比为：熟石灰掺量（外掺）为 2%，硫铝酸盐水泥掺量（外掺）为 4%，减水剂掺量（外掺）为 0.5%，水泥与微硅粉的掺量比为 4∶1，水固比为 0.4~0.5，泡沫掺量根据湿密度要求而定。

（3）通过正交实验得出 PGCS 基体原材料最优配方：磷石膏掺量为 60%，熟石灰掺量为 2%，硫铝酸盐水泥掺量为 6%，水泥与矿渣粉的掺量比为 2∶2。

（4）在以基体最优配方为基准配比制备的 PGCS 泡沫轻质土中，磷石膏最大掺量为 65%，此掺量下泡沫轻质土最优配合比为：熟石灰掺量（外掺）为 2%，硫铝酸盐水泥掺量（外掺）为 6%，减水剂掺量（外掺）为 0.5%，水泥与微硅粉的掺量比为 1∶1，水固比为 0.4~0.5，泡沫掺量根据湿密度要求而定。

（5）同一磷石膏掺量下，PGCS 泡沫轻质土的湿密度、流值和无侧限抗压强度优于 PGCF 泡沫轻质土，同时磷石膏最大掺量也高于 PGCF 泡沫轻质土。

磷石膏矿渣粉泡沫轻质土

在第 5 章中，磷石膏的用量无法超越 65%（质量分数），因为磷石膏中的氟、磷、有机物无法去除干净，而这些物质对水泥水化有阻碍作用的，对水泥产生破坏，因而想要追求更高的掺量，就要选择一种不受杂质影响或影响较小的胶凝材料。从第 4 章中，可知矿渣粉是一种潜在的胶凝材料，而且与磷石膏混合成材料不具有缓凝现象。因此，本章对不含水泥的磷石膏矿渣粉泡沫轻质土进行研究。

6.1　原材料对泡沫轻质土基本物理及力学性能的影响

6.1.1　磷石膏掺量对泡沫轻质土的影响

由于磷石膏本身无胶凝特性，故其掺量对强度的影响至关重要。固定熟石灰掺量（外掺）为 2%、水固比为 0.7、泡固比为 0.1 的情况下，研究磷石膏掺量从 15% 增加至 80%（占磷石膏和矿渣粉总物料的比例）时对泡沫轻质土流值、湿密度和抗压强度的影响，如图 6-1 所示。

由图中可以看出，随着磷石膏掺量的增加，流值从 180mm 增大至 198mm，湿密度从 965kg/m³ 减小至 815kg/m³，抗压强度先由 3.8MPa 增加至 4.6MPa，后又减小至 1.1MPa。出现上述情况的原因是磷石膏有泌水性，同一流值下磷石膏掺量越大，用水量就越少，所以水固比一致时磷石膏掺量越大流值越大。磷石膏密度小，同体积材料中磷石膏的密度是所用材料中最低的，故而磷石膏掺量越大，泡沫轻质土湿密度越小。磷石膏的主要成分 $CaSO_4 \cdot 2H_2O$ 作为

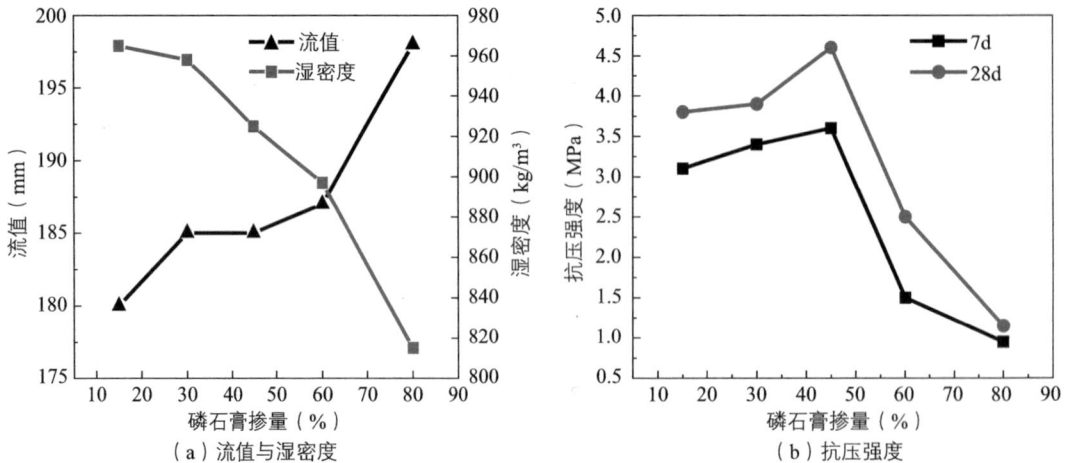

（a）流值与湿密度　　　　　　　　　　　（b）抗压强度

图 6-1　磷石膏掺量对泡沫轻质土性能的影响

硫酸盐激发剂,激发了矿渣粉中 CaO、SiO$_2$ 等硅钙质材料,强化了矿渣粉的水化反应。由于磷石膏掺量为 80% 的泡沫轻质土满足使用要求,故后续试验对磷石膏掺量为 80% 的泡沫轻质土进行研究和优化。

6.1.2　熟石灰掺量对泡沫轻质土的影响

熟石灰对泡沫轻质土强度的影响至关重要,经过胶砂试验表明,当材料中仅有磷石膏和矿渣粉时,不掺加熟石灰,胶砂试件几乎是毫无强度的。因此,试验固定磷石膏掺量为 80%、水固比为 0.7、泡固比为 0.1 的情况下,研究不同熟石灰掺量对泡沫轻质土流值、湿密度和抗压强度的影响,如图 6-2 所示。

从图中可以看出,随着熟石灰掺量的增加,流值从 210mm 逐渐减小至 190mm 且幅度也在减小,湿密度由 799kg/m^3 增加到 851kg/m^3。抗压试验表明,不掺加熟石灰的空白组无法成型,抗压强度在掺量 0.5%~1.5% 是增加的,当掺量为 1.5% 时,抗压强度达到峰值然后下降。在泡沫含量相同的情况下,密度随熟石灰用量的增加而增大。由此可知,随着熟石灰用量的增加,泡沫轻质土中的气泡逐渐减小。熟石灰的主要成分是 Ca(OH)$_2$,它能使磷石膏中有害的酸性杂质如可溶性磷等转变为不溶性盐,使磷石膏正常凝固硬化,同时也能激发矿渣粉的活性,加强混合料的水化反应。熟石灰过量会形成氢氧化钙过饱和液体状态,钙硅比过高,聚合度降低,对产品强度产生不利影响。同时过量的熟石灰在消化过程中伴随着体积膨胀和放热,破坏内部气孔结构,严重时可引起试块开裂。根据试验结果,熟石灰的最佳用量为 1.5%。

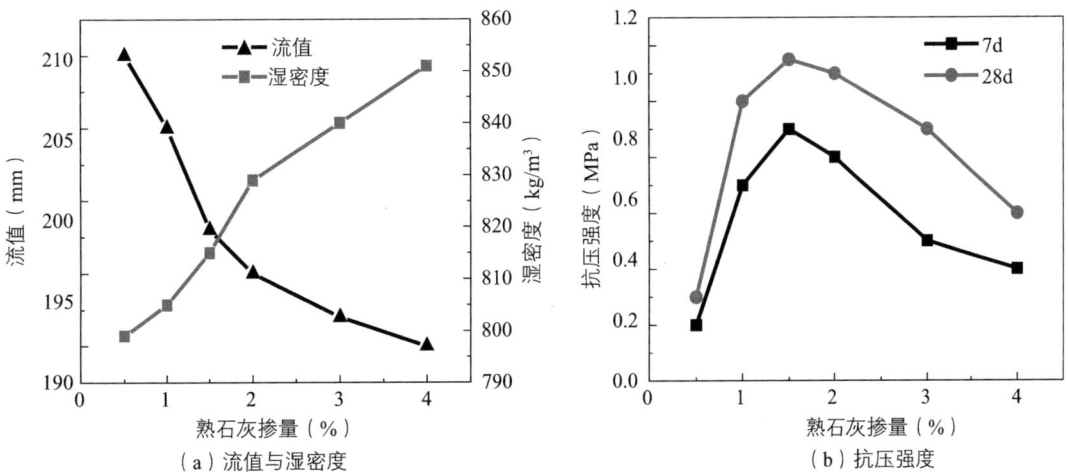

图 6-2　熟石灰掺量对泡沫轻质土性能的影响

6.2   制备参数对泡沫轻质土基本物理及力学性能的影响

6.2.1   水固比对泡沫轻质土的影响

水固比是影响磷石膏沫混凝土制备的关键因素之一，浆体的黏稠度不仅影响制品的密度还会影响其力学性能，如第 2 章所述，水固比过小或过大会导致泡沫轻质土无法成型，因此研究水固比在固定熟石灰掺量（外掺）为 1.5%、磷石膏掺量为 80%、泡固比为 0.1 的情况下对泡沫轻质土流值、湿密度、抗压强度的影响，如图 6-3 所示。

由图中可以看出，随着水固比的增加，流值从 140mm 逐渐增大至 245mm，湿密度从 965kg/m³ 逐渐减小至 658kg/m³；而抗压强度呈先增后降的趋势，且在水固比为 0.7 时达到峰值 1.15MPa。这是由于水固比过小将导致浆体无法拌合均匀，出现聚团现象，水化反应不彻底；水固比过大将会导致自由水含量增加，气孔率增大，强度降低，浆体流动度过大会致使泡沫上浮与浆体出现分层。因此在不掺减水剂的情况下，可控制水固比在 0.6～0.8。

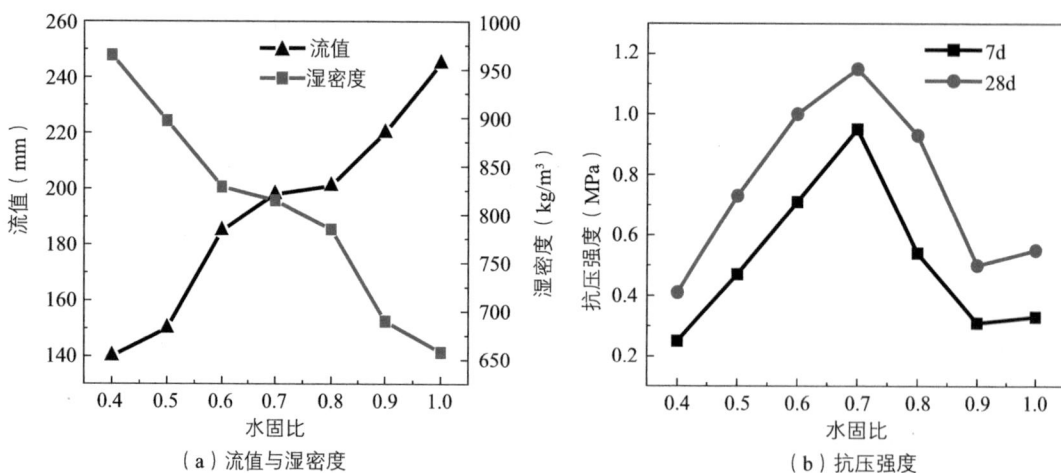

（a）流值与湿密度

（b）抗压强度

图 6-3   水固比对泡沫轻质土性能的影响

6.2.2   泡沫掺量对泡沫轻质土的影响

由于泡沫轻质土自身的多孔特性，泡沫掺量对其湿密度及强度的影响非常大。固定磷石膏掺量为 80%、水固比为 0.6 的情况下，研究不同泡沫掺量对泡沫轻质土流值、湿密度和抗压强度的影响，如图 6-4 所示。

由图中可以看出，随着泡沫掺量从 4% 增加到 16% 时，流值从 230mm 减小至 145mm，湿

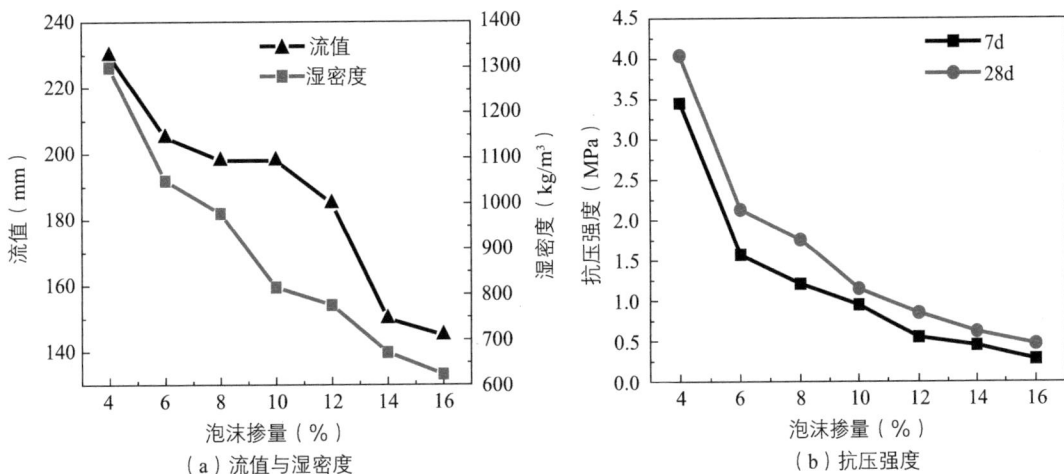

（a）流值与湿密度

（b）抗压强度

图 6-4 泡沫掺量对泡沫轻质土性能的影响

密度由 1300kg/m³ 减小至 623kg/m³，抗压强度由 4.04MPa 减小至 0.47MPa。随着泡固比的不断增加，泡沫轻质土流值、湿密度、抗压强度逐渐减小并趋于限值，其中湿密度趋于 600kg/m³，再增加泡沫，泡沫轻质土就会因为泡沫的黏滞性而聚集成团，随着搅拌时间的增加，泡沫逐渐被破坏，其最终的湿密度仍在 600kg/m³ 以上。同时抗压强度也趋于 0.4MPa，并且抗压强度和湿密度随着泡沫掺量而变化的规律基本一致。因此，改变泡沫掺量是控制泡沫轻质土密度和强度最有效的手段。

6.3 泡沫轻质土的矿物成分与微观结构

对熟石灰掺量（外掺）为 1.5%、磷石膏掺量为 80% 的泡沫轻质土试样养护 7d 后进行 XRD 测试，其 XRD 图谱如图 6-5 所示。

从图中可以看出，试样的矿物相主要有钙矾石（AFt）、石膏、石英及 C-S-H 胶凝，石膏的矿物相表示未参与反应的磷石膏。从图中可知，钙矾石含量最高，未参与反应的磷石膏含量次之，石英和 C-S-H 胶凝的含量较低。原材料中仅有磷石膏、矿渣粉和熟石灰，且钙矾石通常是一种水化产物，故推测部分磷石膏与矿

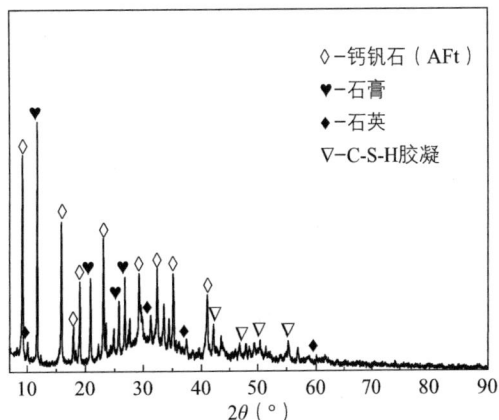

图 6-5 泡沫轻质土的 XRD 图谱

渣粉和熟石灰发生反应生成了钙矾石。

为了验证这一猜想，对同一试样的微观结构进行取样，图6-6为泡沫轻质土在SEM下的微观结构图，（a）为在1000倍放大下泡沫轻质土的微观结构图，（b）为放大10000倍下泡沫轻质土的微观结构图。

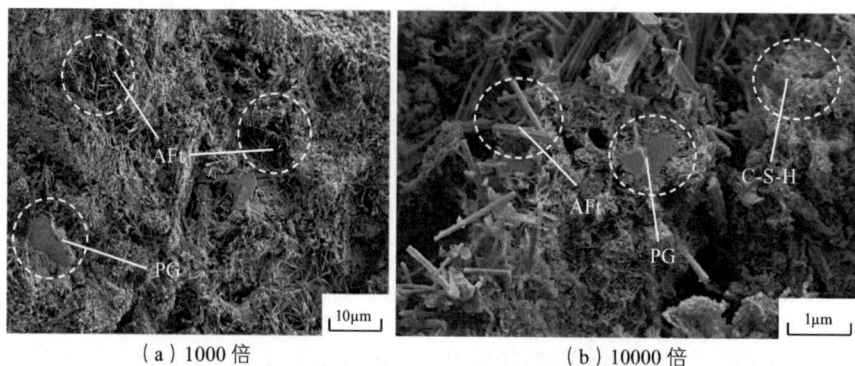

（a）1000倍　　　　　　　　　（b）10000倍

图6-6　泡沫轻质土在SEM下的微观结构图

从图中可以明显看到样品中有着大量针棒状物质、板块状物质和少量的絮状物质，结合磷石膏的SEM照片中磷石膏的板块状形态，钙矾石的微观结构是针棒状物质形态，C-S-H胶凝的微观形态是絮状物质以及泡沫轻质土XRD图谱上得到的钙矾石、石膏、石英及C-S-H的矿物相，可以推断出针棒状的物质是钙矾石（AFt）、板块状的物质是磷石膏（PG）、絮状物质是C-S-H胶凝。通过泡沫轻质土的配合比可知，原材料中仅有磷石膏、矿渣粉和熟石灰三种材料，且磷石膏占比最大，所以从原材料的角度来说，板块状的磷石膏的数量应该是最多的。但从图6-6（a）中可以清晰地看到板块状磷石膏镶嵌在密密麻麻的针棒状钙矾石中，钙矾石的数量极多，磷石膏并没有钙矾石的数量多；而原材料本身是没有钙矾石的，从泡沫轻质土XRD图谱上未能发现矿渣粉的硅酸盐矿物相和熟石灰的$Ca(OH)_2$矿物相，并且从泡沫轻质土的SEM照片上也未能找到矿渣粉和熟石灰，故而可以推断出钙矾石是由磷石膏与矿渣粉和熟石灰发生化学反应生成的。由此可以得出结论，磷石膏掺量为80%的磷石膏矿渣粉泡沫轻质土中的部分磷石膏参与水化反应生成钙矾石，余下磷石膏作为填料不参与水化反应。

6.4　本章小结

本章主要对磷石膏矿渣粉泡沫轻质土进行了研究，探究磷石膏掺量、熟石灰外掺、水固比、泡沫掺量对磷石膏矿渣粉泡沫轻质土流值、湿密度和抗压强度的影响，以及内部的微观形貌结构，得到以下结论：

（1）磷石膏掺量在 15%～45% 范围时，试样抗压强度随着磷石膏掺量的增加而增加；但其掺量超过 45% 后，试样的抗压强度呈线性下降。

（2）熟石灰会大幅度增加混合材料抗压强度，当熟石灰掺量为混合材料总量的 1%～2% 时，混合材料的后期强度较高。加入泡沫的混合材料所形成的磷石膏矿渣粉泡沫轻质土在熟石灰掺量为混合材料量的 1.5% 时，抗压强度最高。

（3）磷石膏矿渣粉泡沫轻质土在水固比为 0.6～0.8 时，各项性能较好；泡沫轻质土的湿密度和抗压强度与泡沫掺量呈反比，且变化规律一致，泡沫轻质土的湿密度不低于 $600kg/m^3$。当湿密度不低于 $672kg/m^3$ 即泡沫掺量不超过 0.14 时，磷石膏矿渣粉泡沫轻质土满足国标要求。

（4）磷石膏矿渣粉泡沫轻质土 XRD 图谱上有钙矾石、石膏、石英及 C-S-H 胶凝的矿物相，SEM 照片上有针棒状的钙矾石、絮状 C-S-H 凝胶和未反应的板块状磷石膏；大部分磷石膏参与水化反应生成钙矾石，为磷石膏矿渣粉泡沫轻质土提供强度，多余的磷石膏作为填料不参与水化反应。

第 7 章

其他路用
磷石膏技术

7.1　磷石膏混凝土预制构件技术

7.1.1　水泥－磷石膏胶凝体系的性能研究

1. 凝结时间

试验测试了磷石膏掺量为 0、10%、20%、30% 等不同掺量时（内掺法，等量替代水泥），水泥－磷石膏胶凝体系的凝结时间，试验方案和试验结果见表 7-1、表 7-2。

水泥－磷石膏胶凝体系凝结时间的试验方案　　　　　　　表 7-1

试验编号	水泥（g）	磷石膏（g）	磷石膏掺量（%）	水（g）	备注
A0	500	0	0	126	标准稠度
A1	450	50	10	126.8	标准稠度
A2	400	100	20	128.2	标准稠度
A3	350	150	30	129.6	标准稠度

水泥－磷石膏胶凝体系凝结时间的试验结果　　　　　　　表 7-2

试验编号	初凝时间（min）	终凝时间（min）
A0	230	320
A1	750	1340
A2	860	1510
A3	1080	1650

从表 7-1 和图 7-1 可看出，随着磷石膏掺量的增加，水泥－磷石膏胶凝体系的凝结时间显著延长，特别是终凝时间，当磷石膏掺量为 30% 时，水泥－磷石膏胶凝体系的终凝时间达到 1650min（27.5h）。据有关文献分析，当磷石膏存在时，水泥水化时会吸附磷酸盐离子，在水泥颗粒表面形成难溶的磷酸盐薄膜，延缓了水泥的凝结时间。同时，由于磷石膏的存在，水泥水化反应生成的硫酸钙也形成磷酸盐薄膜，降低了硫酸盐的溶解速度，延缓了钙矾石的形成，从而影响水泥的凝结时间。

2. 力学性能

试验测试了磷石膏掺量为 0、10%、20%、30% 等不同掺量时（内掺法，等量替代水泥），水泥－磷石膏胶凝体系的力学性能，试验方案和试验结果见表 7-3、表 7-4。

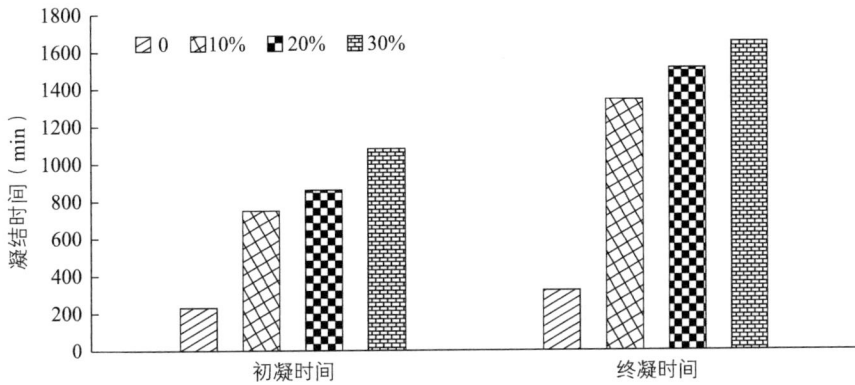

图 7-1　磷石膏掺量对水泥－磷石膏胶凝体系凝结时间的影响

水泥－磷石膏胶凝体系力学性能的试验方案　　　　　　　　表 7-3

试验编号	水泥（kg/m³）	磷石膏（kg/m³）	磷石膏掺量（%）	机制砂（kg/m³）	碎石（kg/m³）	水（kg/m³）
A0	380	0	0	850	995	175
A1	342	38	10	850	995	175
A2	304	76	20	850	995	175
A3	266	114	30	850	995	175

注：通过调整外加剂掺量，使混凝土坍落度为 160～200mm。

水泥－磷石膏胶凝体系力学性能的试验结果　　　　　　　　表 7-4

试验编号	抗压强度（MPa）			抗压强度比（%）		
	7d	14d	28d	7d	14d	28d
A0	37.7	45.9	55.5	100	100	100
A1	21.8	24.1	31.6	58	53	57
A2	20.0	23.7	27.9	53	52	50
A3	18.1	21.3	27.1	48	46	49

　　磷石膏掺量对水泥－磷石膏胶凝体系力学性能的影响见图 7-2，可以看出，随着磷石膏掺量的增加，水泥－磷石膏胶凝体系的抗压强度显著降低，且在早龄期时呈现线性规律。28d 龄期时，掺量为 20% 与掺量为 30% 的抗压强度差异不大，但低于掺量为 10% 的抗压强度。混凝土的强度主要由水泥水化反应生成的 C-S-H 凝胶提供，然而水泥的水化反应需要在较高的碱性环境中进行，而磷石膏呈酸性（pH=3.6），破坏了水泥的水化反应，这是磷石膏在较低掺量时，水泥－磷石膏胶凝体系的力学性能下降约 50% 的主要原因。

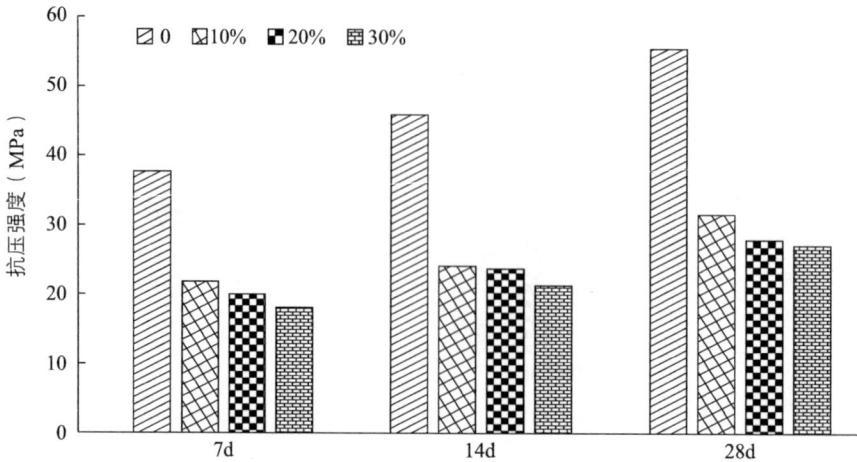

图 7-2 磷石膏掺量对水泥 – 磷石膏胶凝体系力学性能的影响

通过水泥 – 磷石膏胶凝体系的力学性能试验基本可知，磷石膏在水泥 – 磷石膏胶凝体系中不参与水化反应。但磷石膏颗粒可以起到微集料的作用，其在胶凝材料浆体中分散均匀且颗粒细小，提高了混凝土的致密性，且磷石膏掺量为 30% 时，微集料效应较磷石膏掺量为 20% 的高，因此，28d 龄期时，掺量为 20% 与掺量为 30% 的抗压强度差异不大。

7.1.2 水泥 – 磷石膏 – 掺合料胶凝体系的性能研究

通过磷石膏和掺合料外掺替代砂，保持水泥用量和用水量不变，用单一变量法研究掺量变化及掺合料种类对水泥 – 磷石膏 – 掺合料胶凝体系力学性能的影响规律（外掺法），试验方案和试验结果见表 7-5、表 7-6。

水泥 – 磷石膏 – 掺合料胶凝体系力学性能的试验方案　　　　　　表 7-5

试验类别	水泥（g）	磷石膏（g）	掺合料（g）	标准砂（g）	水（g）	备注
基准	450	0	0	1350	225	—
原状 30%	450	135	0	1215	225	外掺 30% 原状磷石膏
原状 40%	450	180	0	1170	225	外掺 40% 原状磷石膏
原状 50%	450	225	0	1125	225	外掺 50% 原状磷石膏
钢渣	450	135	36	1179	225	外掺 30% 原状磷石膏、外掺 8% 钢渣
矿渣粉	450	135	90	1125	225	外掺 30% 原状磷石膏、外掺 20% 矿渣粉

续表

试验类别	水泥（g）	磷石膏（g）	掺合料（g）	标准砂（g）	水（g）	备注
高岭土	450	135	45	1170	225	外掺30%原状磷石膏、外掺10%高岭土
偏高岭土	450	135	45	1170	225	外掺30%原状磷石膏、外掺10%偏高岭土

水泥–磷石膏–掺合料胶凝体系力学性能的试验结果　　　　表7-6

试验类别	抗折强度（MPa）			抗折强度（MPa）		
	7d	28d	56d	7d	28d	56d
基准	6.2	7.4	7.9	31.3	35.8	39.9
原状30%	4.6	5.6	5.2	26.2	28.4	31.7
原状40%	4.7	5.7	5.5	25.4	25.4	38.5
原状50%	4.4	5.9	5.5	25.2	29.3	29.2
钢渣	4.3	5.8	5.6	23.2	26.1	26.9
矿渣粉	4.7	4.1	3.6	32.1	27.6	25.5
高岭土	3.9	5.9	5.3	21.5	29.3	27.2
偏高岭土	4.9	5.7	4.9	31.9	33.9	31.8

从图7-3、图7-4可以看出，外掺原状磷石膏或掺合料后，均在一定程度上改变了水泥强度的发展规律，具体表现为：28d抗压、抗折强度达到顶峰，56d强度不增反降。其中，外掺30%原状磷石膏和20%矿渣粉，随龄期增长，试块的抗压、抗折强度均降低，应该是矿渣粉和磷石膏发生了化学反应，生产的产物对水泥强度有不利影响。

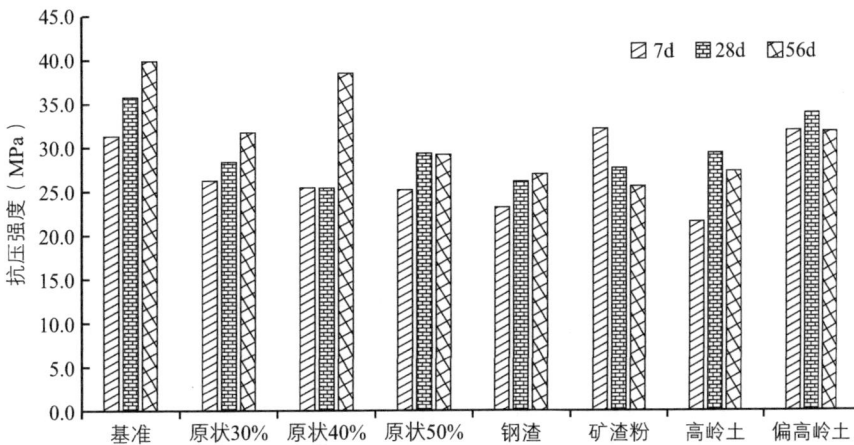

图7-3　抗压强度发展规律图

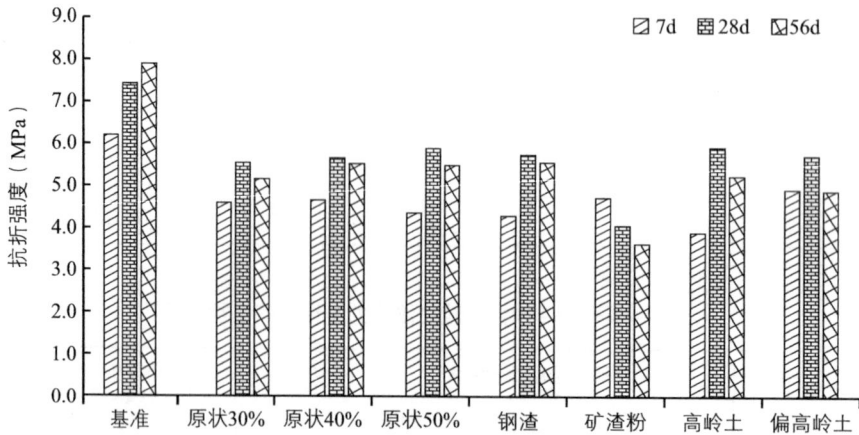

图 7-4　抗折强度发展规律图

　　随着原状磷石膏掺量的增加，试块各龄期的抗压、抗折强度无明显差异，应该是水泥和磷石膏未发生化学反应，即磷石膏对试块强度的影响仅与磷石膏的特性有关。在外掺 30% 原状磷石膏的基础上，外掺 10% 偏高岭土对试块抗压强度的提高最明显，但对试块抗折强度的提高不显著，应该是偏高岭土对水泥强度的提高效果最突出。

　　根据上述研究结果，磷石膏掺入后对混凝土强度发展有不利影响，通过掺入高岭土可改善这一情况，但效果有限。因此，本节开展磷石膏混凝土的改良研究，通过掺入生石灰将磷石膏 pH 调整至 10 的情况下，研究了外掺钢渣、矿粉对磷石膏的改良效果，石粉作为外掺对照组，配合比如表 7-7 所示，抗压强度如表 7-8 所示。

磷石膏混凝土改良试验的配合比（kg/m³）　　　　　　表 7-7

试验编号	水泥	磷石膏	高岭土	钢渣	矿粉	石粉	砂	碎石	水	外加剂
LPG-1	230	90	25	0	0	0	850	1050	165	3.45
LPG-2	270	90	25	0	0	0	820	1040	165	3.85
LPG-3	230	90	25	40	0	0	820	1040	165	3.85
LPG-4	230	90	25	0	40	0	820	1040	165	3.85
LPG-5	230	90	25	20	20	0	820	1040	165	3.85
LPG-6	230	90	25	0	0	40	820	1040	165	3.85
LPG-7	230	90	25	20	20	0	820	1040	165	3.85
LPG-8	230	90	25	0	0	40	820	1040	165	3.85

注：LPG-1 ~ LPG-6 所用磷石膏为预处理磷石膏，LPG-7 ~ LPG-8 为原状磷石膏。

磷石膏混凝土改良试验的抗压强度　　　　表 7-8

试验编号	抗压强度（MPa）			
	7d	14d	28d	56d
LPG-1	17.2	20.1	22.1	23.1
LPG-2	23.4	28.0	30.3	33.4
LPG-3	20.1	23.4	26.9	27.9
LPG-4	22.6	27.3	29.9	29.8
LPG-5	24.2	27.9	30.7	31.4
LPG-6	24.4	30.2	31.9	35.6
LPG-7	24.1	27.0	31.0	32.0
LPG-8	22.2	26.9	28.3	30.3

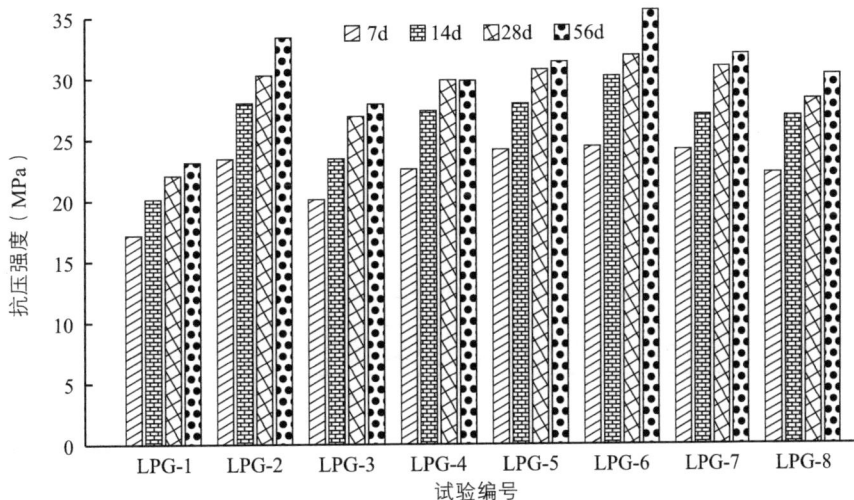

图 7-5　磷石膏混凝土改良试验抗压强度

由图 7-5 可知，LPG-2 与 LPG-1 相比，外掺 10% 水泥后，7d 抗压强度提高 6.3MPa，14d 抗压强度提高 7.9MPa，28d 抗压强度提高 8.2MPa，56d 抗压强度提高 10.3MPa；LPG-3 与 LPG-1 相比，外掺 10% 钢渣后，7d 抗压强度提高 3MPa，14d 抗压强度提高 2.3MPa，28d 抗压强度提高 4.8MPa，56d 抗压强度提高 4.8MPa；LPG-4 与 LPG-1 相比，外掺 10% 矿粉后，7d 抗压强度提高 5.5MPa，14d 抗压强度提高 7.2MPa，28d 抗压强度提高 7.8MPa，56d 抗压强度提高 6.7MPa；LPG-5 与 LPG-1 相比，外掺 5% 钢渣和 5% 矿粉后，7d 抗压强度提高 7MPa，

14d 抗压强度提高 7.8MPa，28d 抗压强度提高 8.6MPa，56d 抗压强度提高 8.3MPa；LPG-6 与 LPG-1 相比，外掺 10% 石粉后，7d 抗压强度提高 7.3MPa，14d 抗压强度提高 10.1MPa，28d 抗压强度提高 9.8MPa，56d 抗压强度提高 12.5MPa。因此，外掺石粉的改良效果最好，比外掺水泥强度更高；外掺钢渣和矿粉的改良效果次之，稍好于外掺水泥；单独外掺矿粉的改良效果比外掺水泥差；单独外掺钢渣的改良效果最差。对磷石膏混凝土的改良效果依次是：外掺石粉＞外掺钢渣和矿粉＞外掺水泥＞外掺矿粉＞外掺钢渣。

LPG-7 与 LPG-5 相比，外掺钢渣和矿粉后，原状磷石膏比改性磷石膏 7d 抗压强度低 0.1MPa，比 14d 抗压强度低 0.9MPa，比 28d 抗压强度高 0.3MPa，比 56d 抗压强度高 0.6MPa，外掺钢渣和矿粉的改良效果基本一致。因此，通过外掺钢渣和矿粉即可完成对原状磷石膏的改性，无需掺入生石灰。LPG-8 与 LPG-6 相比，外掺 10% 石粉后，原状磷石膏比改性磷石膏的 7d 抗压强度低 2.2MPa，比 14d 抗压强度低 3.3MPa，比 28d 抗压强度低 2.4MPa，比 56d 抗压强度低 5.3MPa，即通过外掺石粉对原状磷石膏的改性效果，较先通过生石膏改性的效果差。

7.1.3 水泥－磷石膏－偏高岭土胶凝体系的性能研究

1. 凝结时间

试验测试了不同磷石膏掺量下，偏高岭土掺量为 3%、5%、7%、9%、11%、13%、15% 等时（内掺法，等量替代水泥），水泥－磷石膏－偏高岭土胶凝体系的凝结时间试验方案和试验结果见表 7-9、表 7-10。

水泥－磷石膏－偏高岭土胶凝体系凝结时间的试验方案　　　　　表 7-9

试验编号	水泥（g）	磷石膏（g）	偏高岭土（g）	水（g）	备注
B1	435	50	15	127.0	标准稠度
B3	415	50	35	127.1	标准稠度
B5	395	50	55	127.3	标准稠度
B6	375	100	25	128.9	标准稠度
B8	355	100	45	129.1	标准稠度
B10	335	100	65	129.2	标准稠度
B11	315	150	35	130.9	标准稠度
B13	295	150	55	131.2	标准稠度
B15	275	150	75	131.6	标准稠度

水泥－磷石膏－偏高岭土胶凝体系凝结时间的试验结果　　　　表 7-10

试验编号	初凝时间（min）	终凝时间（min）
B1	670	1030
B3	640	950
B5	600	830
B6	710	1140
B8	680	1120
B10	630	1020
B11	790	1210
B13	750	1060
B15	740	970

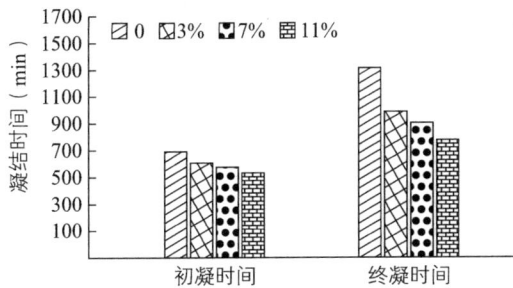

（a）磷石膏掺量为 10%

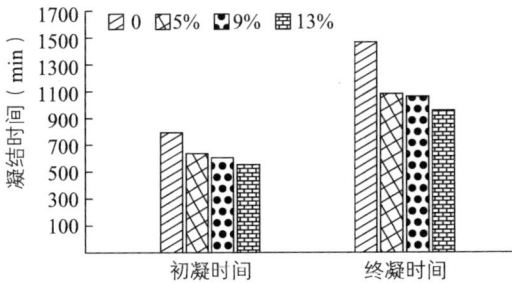

（b）磷石膏掺量为 20%

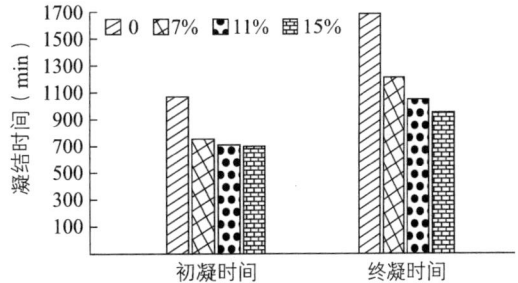

（c）磷石膏掺量为 30%

图 7-6　偏高岭土掺量对水泥－磷石膏－偏高岭土胶凝体系凝结时间的影响

从表 7-10 和图 7-6 可看出，随着偏高岭土的增加，水泥－磷石膏胶凝体系的凝结时间显著缩短。前文已经阐述了磷石膏对水泥凝结时间的影响机理，关于偏高岭土对水泥－磷石膏胶凝体系水化凝结的影响机理，国内外尚无文献研究，可以认为，偏高岭土的加入，缓解了水泥颗粒表面难溶磷酸盐薄膜的形成，提升了硫酸盐的溶解速度，促进了钙矾石形成，从而加速水泥的凝结硬化，但加速效果不足以抵消磷石膏带来的缓凝效应。

2. 力学性能

试验测试了不同磷石膏掺量下，偏高岭土掺量为3%、5%、7%、9%、11%、13%等时（内掺法，等量替代水泥），水泥－磷石膏－偏高岭土胶凝体系的力学性能试验方案和试验结果见表7-11、表7-12。

水泥－磷石膏－偏高岭土胶凝体系的力学性能试验方案   表7-11

试验编号	水泥（kg/m³）	磷石膏（kg/m³）	偏高岭土（kg/m³）	机制砂（kg/m³）	碎石（kg/m³）	水（kg/m³）
B1	330.6	38	11.4	850	995	175
B2	323	38	19	850	995	175
B3	315.4	38	26.6	850	995	175
B4	307.8	38	34.2	850	995	175
B5	300.2	38	41.8	850	995	175
B6	285	76	19	850	995	175
B7	277.4	76	26.6	850	995	175
B8	269.8	76	34.2	850	995	175
B9	262.2	76	41.8	850	995	175
B10	254.6	76	49.4	850	995	175
B11	239.4	114	26.6	850	995	175
B12	231.8	114	34.2	850	995	175
B13	224.2	114	41.8	850	995	175
B14	216.6	114	49.4	850	995	175
B15	209	114	57	850	995	175

注：通过调整外加剂掺量，使混凝土坍落度为160~200mm。

水泥－磷石膏－偏高岭土胶凝体系的力学性能试验结果   表7-12

试验编号	抗压强度（MPa）			抗压强度比（%）		
	7d	14d	28d	7d	14d	28d
B1	27.8	32.5	38.9	74	71	70
B2	36.3	43.6	52.9	96	95	95
B3	34.7	41.0	54.4	92	89	98
B4	39.2	46.3	57.3	104	101	103
B5	35.0	44.8	59.6	93	98	107
B6	25.1	29.4	35.0	67	64	63

试验编号	抗压强度（MPa）			抗压强度比（%）		
	7d	14d	28d	7d	14d	28d
B7	33.1	39.7	49.4	88	86	89
B8	28.7	35.8	44.1	76	78	79
B9	29.1	45.2	51.2	77	98	92
B10	28.5	41.5	48.1	76	90	87
B11	20.3	25.7	31.5	54	56	57
B12	21.1	25.3	33.2	56	55	60
B13	22.0	36.5	44.5	58	80	80
B14	15.0	33.3	40.5	40	73	73
B15	18.5	26.0	33.4	49	57	60

注：表中抗压强度比是指各组试验相应龄期的抗压强度与空白组的抗压强度之比。

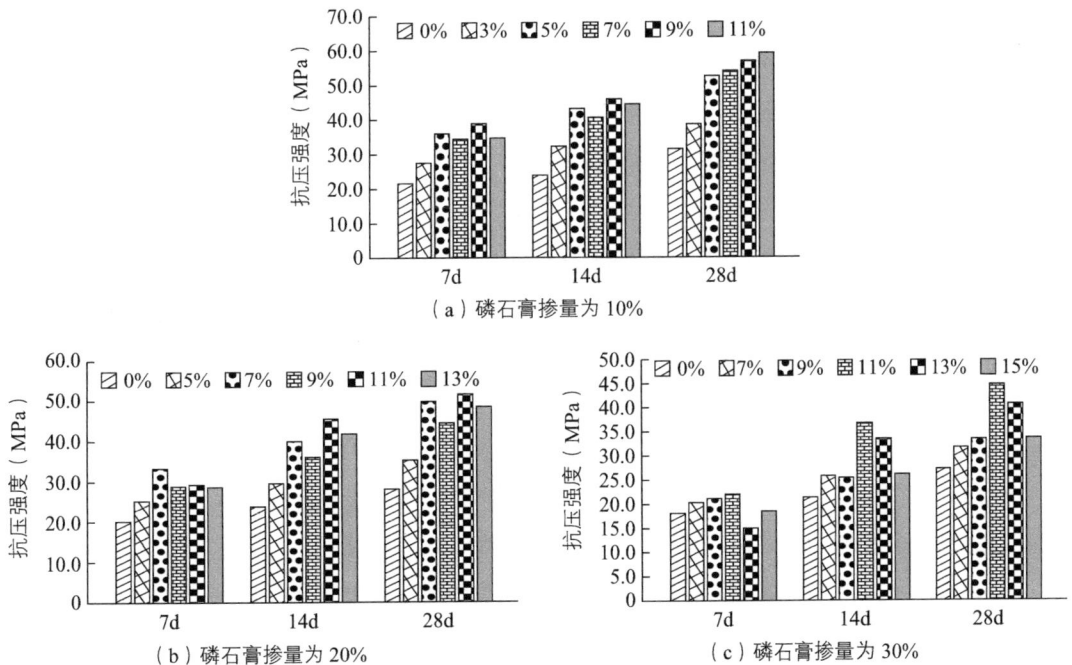

图7-7 磷石膏掺量10%，不同偏高岭土掺量的力学性能

从图7-7和表7-12可看出，磷石膏掺量固定时，B5与A2相比，固定水泥用量不变，磷石膏用量由20%降为10%，偏高岭土用量由0提升为11%，28d抗压强度提高114%。B9与A3相比，固定水泥用量不变，磷石膏用量由30%降为20%，偏高岭土用量由0%提升为11%，

28d 抗压强度提高 89%。偏高岭土掺量固定时，磷石膏替代水泥越多，抗压强度下降越大。B7 与 B11 相比，水泥用量下降约 40kg，磷石膏用量提高约 40kg，28d 抗压强度下降 36%。

偏高岭土可显著提高水泥 – 磷石膏胶凝体系的力学性能，特别是 28d 龄期时，偏高岭土掺量为 11% 时，抗压强度达到最高，且与磷石膏和水泥比例无关。

试验成功配制出磷石膏掺量为 30%、偏高岭土掺量为 11% 的 C35 磷石膏混凝土，28d 抗压强度达到 44.5MPa，其配合比见表 7–13。

C35 磷石膏混凝土配合比
表 7-13

水泥 （kg/m³）	磷石膏 （kg/m³）	偏高岭土 （kg/m³）	机制砂 （kg/m³）	碎石 （kg/m³）	水 （kg/m³）
224.2	114	41.8	850	995	175

偏高岭土替代水泥，在一定范围内强度随替代率提升，即偏高岭土比水泥强度高，最佳掺量为 7% ~ 11%。特别是 28d 龄期时，偏高岭土掺量为 11% 时，抗压强度达到最高。磷石膏掺量达到 30% 后，偏高岭土的强度提高率明显下降。偏高岭土是一种高活性的人工火山灰材料，可与水泥水化产生的 $Ca(OH)_2$ 发生火山灰反应，生成与 C-S-H 类似的水化产物。同时，偏高岭土含有大量的无定形硅铝化合物，磷石膏的酸特性使硅铝化合物由解聚到再聚合后，会形成类似于地壳中一些天然矿物的铝硅酸盐网络状结构，其抗压强度比 C-S-H 更高。

7.1.4 磷石膏混凝土的透水砖试验研究

磷石膏是磷化工企业在湿法制造磷酸时伴生的工业废渣，多呈淡黄色或灰白色粉末，有少许异味，二水石膏的纯度可高达 90% 以上，含有少量硫酸、磷酸、氟化物、磷酸盐等，pH 为 1 ~ 4.5。

透水砖具有良好的渗水特性，可将雨水迅速渗出，实现雨天路面无积水，从而改善车辆行驶及行人的安全性与舒适性，广泛用于海绵城市和海绵服务区建设。

磷石膏透水砖技术，通过磷石膏预处理、掺加改性掺合料等措施，解决透水砖因掺加磷石膏产生的凝结时间异常、强度降低等一系列问题，力学性能与渗水系数等关键指标符合相关标准规范要求，且生产成本更低。

磷石膏透水砖分为两层：基层和面层，各层功能与公路工程的路面基层和面层类似。基层为水泥浆与 3 ~ 5mm 碎石混合料，面层为水泥浆、着色剂与 0.3 ~ 0.6mm 石英砂混合料；生产工艺为冲击压制成型，基层混合料先初压（静压），添加面层混合料后再冲击压制。透水砖基层配比为，水泥∶砂∶水 =16∶84∶4.6。磷石膏透水砖生产工艺流程如图 7-8 所示。

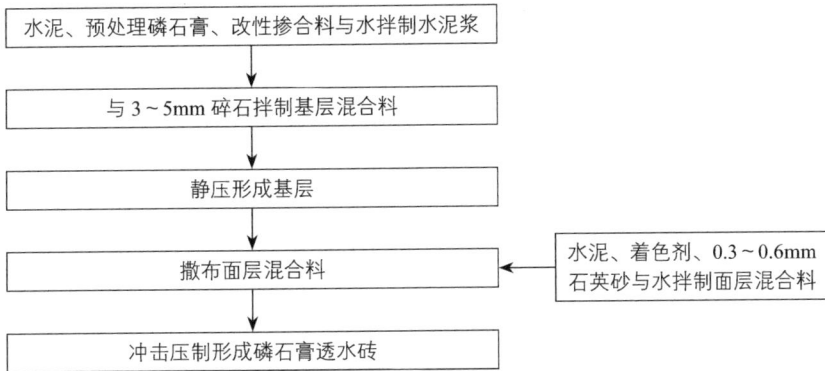

图 7-8 磷石膏透水砖生产工艺流程

磷石膏透水砖只改变基层配比,即将磷石膏掺入基层,不改变面层。磷石膏透水砖的基层配比为,水泥:磷石膏:高岭土:砂:水 = 11.7:2.9:1.4:84:4.6,磷石膏替代水泥用量的20%。对磷石膏透水砖进行强度测试,7d 抗折强度达 2.03MPa。委托云南建筑工程质量检验站有限公司对磷石膏透水砖进行了 28d 抗折强度和抗冻性能测试,28d 抗折强度达到 3.2MPa,D15 抗冻性能合格。磷石膏透水砖生产现场及成品见图 7-9、图 7-10。

图 7-9 磷石膏透水砖生产现场

图 7-10 磷石膏透水砖成品

磷石膏透水砖的主要性能参数如表 7-14、图 7-11 所示。

磷石膏透水砖检验报告如图 7-11 所示。

磷石膏透水砖的主要性能参数　　　　　　　　表 7-14

序号	加载长度（mm）	加载宽度（mm）	加载厚度（mm）	最大荷载（N）	抗折强度（MPa）	
1	500	197.6	58.4	1860	2.07	
2	500	201.6	58.2	1780	1.96	
3	500	200.8	58.8	1820	1.97	2.03
4	500	201.4	59.2	2250	2.39	
5	500	202.7	59.7	1690	1.75	

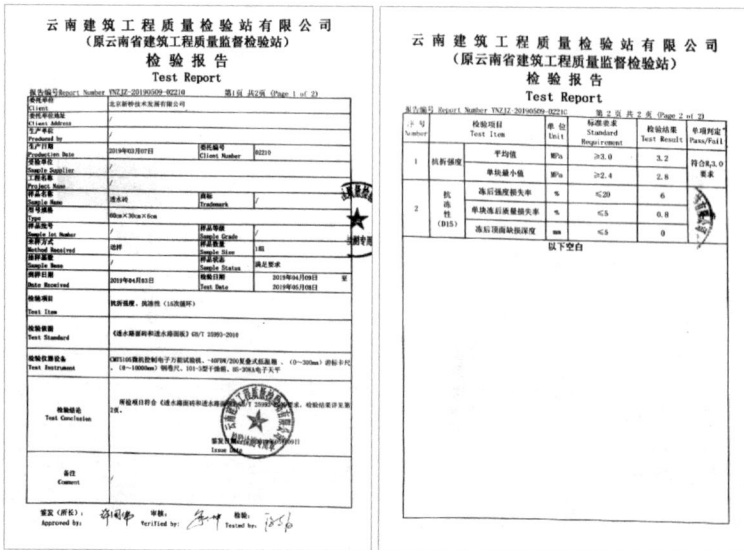

图 7-11　磷石膏透水砖检验报告

7.1.5　经济效益分析

以制备 C30 混凝土制品为例，常规的普通硅酸盐水泥制备 C30 混凝土的原材料成本和磷石膏混凝土成本具体经济性分析如下。

1. 原材料价格

（1）42.5 水泥：417 元 /t。

（2）砂：115 元 /t。

（3）碎石：111.2 元 /t。

（4）外加剂：3470 元 /t。

（5）磷石膏：54 元 /t。运输距离为 130km，运输成本为 25 元 /km，运输方量为 26m³，运输质量约为 60t，得出磷石膏成本为 54 元 /t（130×25/60）。

高岭土：1200 元 /t。

2. 配合比对比

C25 磷石膏混凝土配合比与原配合比的对比表见表 7-15。

C25 磷石膏混凝土配合比与原配合比的经济性对比表见表 7-16。

配合比对比表　　　　　　　　表 7-15

名称	水泥	磷石膏	高岭土	砂	碎石	水	外加剂
原配合比（kg/m³）	325	0	0	915	991	169	2.925
C25 磷石膏混凝土配合比（kg/m³）	230	80	25	850	1055	160	3.015

配合比经济性对比表　　　　　　　　表 7-16

材料名称	材料单价	原配合比价格	C25 磷石膏混凝土配合比价格
42.5 水泥	417 元 /t	135.53 元 /m³	95.91 元 /m³
磷石膏	54 元 /t	0 元 /m³	4.32 元 /m³
高岭土	1200 元 /t	0 元 /m³	30 元 /m³
砂	115 元 /t	105.23 元 /m³	97.75 元 /m³
碎石	111.2 元 /t	110.20 元 /m³	117.32 元 /m³
外加剂	3470 元 /t	10.15 元 /m³	10.46 元 /m³
合计	—	361.11 元 /m³	355.76 元 /m³
差价		5.35 元 /m³	

3. 预制构件对比

普通透水砖混合料配合比为水泥：碎石：水 = 16：84：4.6；磷石膏透水砖混合料配合比为水泥：磷石膏：改性掺合料：碎石：水 = 11.5：3：1.5：84：4.6。磷石膏透水砖的材料成本比普通透水砖低 3 元 /t，磷石膏透水砖材料成本分析见表 7-17。

根据磷石膏室内试验，结合楚姚一工区预制构件配合比，得出 C25 磷石膏混凝土配合比，比原配合比节约 5.35 元 /m³，折算预制构件，路缘石每块节约 0.15 元，拦水块每块节约 0.05 元。

路缘石：尺寸为长 50cm× 宽 20cm× 高 28cm，单块路缘石混凝土方量为 0.028m³，1m³ 混凝土可预制路缘石 35 块，每块路缘石可节约成本 0.15 元。

磷石膏透水砖材料成本分析 表 7-17

类别		水泥	碎石	磷石膏	改性掺合料
原材料单价（元/t）		500	120	50	1200
原材料用量（t）	普通透水砖	160	840	0	0
	磷石膏透水砖	115	840	30	15
合计成本（元/t）	普通透水砖	180.8			
	磷石膏透水砖	177.8			

注：单价的单位为元/t，用量的单位为 t。磷石膏单价主要为运输成本，约 50 元/t。

拦水块：尺寸为长 40cm× 宽 38cm× 厚 6cm，单块拦水块混凝土方量为 $0.009m^3$，$1m^3$ 混凝土可预制拦水块 105 块，每块拦水块可节约成本 0.05 元。

7.2 水泥稳定磷石膏基层技术

磷石膏在用作道路基层材料的研究中也取得了不少成果。查进等将磷渣和碎石混合后作为道路基层材料，并将该材料在贵阳市修筑了一条试验路，研究结果表明：磷渣碎石基层材料具备一定的可行性，并得出了材料的最佳含水率和最大干密度，但是材料的水稳定性较弱。Weiguo Shen 用磷石膏制备水泥缓凝剂，并且在其研究基础上将磷石膏用于道路基层材料中，结果表明：磷石膏可替代天然石膏用作硅酸盐水泥的缓凝剂，并制备了一种石灰磷石膏粉煤灰稳定材料应用在道路基层材料中，其性能基本满足基层性能要求。贺行洋等研究了不同磷石膏的掺入量对磷渣矿渣水泥复合胶凝材料体系抗压强度影响的变化规律，并采用 XRD、TG、SEM 微观技术手段分析材料体系的水化产物，结果表明：掺入适量的磷石膏会促进磷渣–矿渣–水泥复合胶凝材料体系的水化反应过程。杜婷婷等人研究了水泥磷石膏基层材料的水稳性能和力学性能，并对材料的强度形成机理进行分析。研究表明，水泥稳定磷石膏材料具有较好的水稳性能，能够较好地满足各类道路基层材料的强度要求，并且掺入固化剂可以明显提高材料的强度，其掺量在 1% 时最佳。张晓乔在磷石膏中掺入碎石、水泥修筑道路基层材料，通过对材料的组成设计和路用性能进行研究，提出了材料的配合比，并发现在相同水泥掺量下加入磷石膏的道路基层材料，其力学性能、水稳性能、干缩性能均有明显提升，并且磷石膏的加入可以延长材料的成型时间，约达 9h。Degirmenci N 等通过研究发现，在相同的磷石膏掺量下，加入煅烧处理后的磷石膏其混合料强度更高，但是把磷石膏胶结料放入水中会产生微膨胀和开裂的现象，郝强东等发现随着磷石膏在二灰类基层材料中掺量的增加，混合料的最大干密度逐渐增加，并且材料的强度逐渐提高，这是由于磷石膏的主要成分二水硫酸钙可激活粉煤灰的活性，加速石灰、粉煤灰的反应，从而使混合料中迅速产生针状钙矾石，钙矾石对道路基层的强度可以起到增强作用。

赵德强等人研究熟料·钢渣·粉煤灰·磷石膏道路基层复合胶凝材料的凝结时间、胶结强度，并且对材料的膨胀性能的调控和缓凝微膨胀机理进行研究。研究发现，磷石膏可溶性杂质与混合料中的 Ca^{2+} 离子以及 OH^- 离子反应生成难溶物覆盖在胶凝材料颗粒表面，可以显著延长材料的凝结时间。如果磷石膏的掺量过大，会导致材料的膨胀系数过大，从而破坏复合胶凝材料的结构。但是掺入适量钢渣取代粉煤灰可以促进复合胶凝材料的早期水化并优化孔结构，可以显著提高道路基层复合胶凝材料的性能。

周明凯等人系统地探讨了水泥稳定磷石膏碎石基层材料强度性能的影响因素，并针对这种基层材料的抗压回弹模量、劈裂强度和抗裂性能进行了研究。通过研究发现，磷石膏掺量、水泥掺量以及集料级配均对水磷石膏稳定碎石强度性能有较大影响，与水泥稳定碎石相比，水泥稳定磷石膏碎石基层材料的各项力学性能指标增长快，抗裂性能良好，是一种优异的路用基层材料。瓦浩采用粉煤灰、磷石膏、磷渣等工业废渣，通过设计合理的配合比配制出性能满足要求的磷渣－磷石膏－二灰类基层材料，通过性能评估发现该基层材料可替代水泥稳定土、二灰稳定土铺筑道路基层。孟维正将改良后的磷石膏材料应用在道路建设中，研究发现纯磷石膏水稳定性极差，可以通过水泥、石灰的水化凝结过程改善磷石膏水稳性效果，并且发现磷石膏改良体系的无侧限抗压强度与掺加的水泥、石膏质量呈正相关关系。张英富通过室内试验研究，得到了优化后的磷石膏粉煤灰石灰结合料的配合比，该配比下的结合料能够满足不同等级公路基层、底基层的强度要求，并分析了材料强度的形成机理。

谭明洋浅析了磷石膏材料在道路工程中的应用前景，通过分析可知磷石膏在路面基层材料和粘结材料中实际工程利用仍存在不少的问题，并且缺乏理论支撑，此外还应充分考虑在磷石膏中掺入添加剂后对其利用是否会产生相关影响。

综上所述可知，目前把磷石膏原料用在道路基层材料中的研究较多，但是把磷石膏作为原材料投入道路基层建设中的实际应用及效果分析还是很少，不管是对材料的配合比设计方法，还是对材料的路用性能研究，均不够成熟。因此，把磷石膏作为建设原材料切实应用在道路建设中还需要开展进一步的研究。

7.3 本章小结

本章全面探讨了磷石膏在道路工程中的创新应用技术，涵盖了磷石膏混凝土预制构件和水泥稳定磷石膏基层两大关键领域，得到以下结论：

（1）磷石膏掺量增加导致水泥－磷石膏胶凝体系凝结时间延长，特别是终凝时间显著增加，掺量为 30% 时终凝时间可达 27.5h。磷石膏的酸性（pH=3.6）破坏了水泥水化，导致力学性能下降约 50%。尽管磷石膏不参与水化，但其微集料效应提高了混凝土致密性，尤其在掺量为 30% 时更为明显，使得 28d 龄期时掺量为 20% 与掺量为 30% 的抗压强度差异不大。

（2）外掺原状磷石膏和掺合料会改变水泥强度发展规律，28d 后强度达到峰值，56d 时强度下降。外掺 30% 磷石膏和 20% 矿渣粉导致强度降低，原因是两者发生化学反应产生了不利影响。磷石膏掺量增加对强度影响不大，表明其影响主要与磷石膏特性相关。外掺 10% 偏高岭土能显著提高抗压强度，但对抗折强度提升不明显。改良研究显示，外掺石粉改良效果最佳，其次是钢渣和矿粉，单独外掺矿粉效果较差，单独外掺钢渣效果最差。外掺钢渣和矿粉可有效改性磷石膏，无需额外掺加生石灰，但外掺石粉的改性效果不如先通过生石膏改性。

（3）偏高岭土的加入显著缩短了水泥－磷石膏胶凝体系的凝结时间，并提高了其力学性能。偏高岭土作为一种高活性的人工火山灰材料，能与水泥水化产生的 $Ca(OH)_2$ 发生火山灰反应，生成与 C-S-H 类似的水化产物，同时含有的无定形硅铝化合物在磷石膏的酸性环境下形成铝硅酸盐网络状结构，强度比 C-S-H 更高。在磷石膏掺量固定的情况下，适当降低磷石膏用量并增加偏高岭土用量，可以显著提高 28d 强度。最佳掺量为 7%～11%，其中掺量为 11% 时的抗压强度达到最高。

（4）磷石膏透水砖技术有效利用了工业废渣磷石膏，通过预处理和掺加改性掺合料，解决了因掺加磷石膏而产生的凝结时间异常和强度降低问题。这种砖具有优异的渗水特性，能迅速渗出雨水，减少路面积水，提高行车和行人安全。在磷石膏透水砖基层配比中，磷石膏替代了 20% 的水泥，其 7d 抗折强度达到 2.03MPa，28d 抗折强度达到 3.2MPa，满足标准要求，且 D15 抗冻性合格。

（5）在制备 C30 混凝土制品的经济性分析中，磷石膏混凝土相较于普通硅酸盐水泥混凝土显示出成本优势。普通硅酸盐水泥成本为 417 元/t，而磷石膏成本为 54 元/t，显著低于水泥成本。在透水砖的生产中，磷石膏透水砖的材料成本比普通透水砖低 3 元/t。具体到预制构件，路缘石每块可节约 0.15 元，拦水块每块可节约 0.05 元。根据配合比和成本计算，使用磷石膏替代部分水泥可以节约 5.35 元/m³，显示出磷石膏混凝土在经济性上的明显优势。

（6）现有研究表明，磷石膏在道路基层材料中的应用具有一定的可行性，但也面临一些挑战和问题，因此还需进一步优化磷石膏的配合比设计方法，深入研究其路用性能，探索磷石膏在路面基层材料和粘结材料中的应用，以实现磷石膏的高效利用和环境友好型道路建设。

参考文献

[1] 吴雨龙. 磷石膏资源化利用的研究进展 [J]. 广州化工，2012（40）12：44-46.

[2] 叶学东. 我国磷石膏利用现状、问题及建议 [J]. 磷肥与复肥，2011，25（1）：5-6.

[3] 汪家铭. 磷石膏综合利用技术现状与前景展望 [J]. 硫磷设计与粉体工程，2013（1）：7-12.

[4] Marusia Renteria Villalobos, Lgnacio Vioque, Juan Mantero, et al. Radiological, chemical and morphological characterizations of phosphate rock and phosphogypsum from phosphoricacid factories in SW Spain[J]. Journal of Hazardous Materals, 2010, 181(1-3): 193-203.

[5] 余琼粉，宁平，杨月红. 磷石膏的预处理及其资源化途径 [J]. 江西农业学报，2008，20（2）：109-111.

[6] 陈永松，毛健全. 磷石膏中污染物可溶磷的溶出特性实验研究 [J]. 贵州工业大学学报：自然科学版，2007，36（1）：99-102.

[7] 万体智，彭家惠，张建新. 磷石膏中磷的分析及对性能影响研究 [J]. 房材与应用，2001，29（4）：38-41.

[8] 彭家惠，彭志辉，张建新，等. 磷石膏中可溶性磷形态、分布及其对性能影响机制的研究 [J]. 硅酸盐学报，2000，28（4）：309-313.

[9] 彭家惠，万体智，汤玲. 磷石膏中杂质组成、形态、分布及其对性能的影响 [J]. 中国建材科技，2000，12（6）：31-35.

[10] 庞英，杨林，杨敏，等. 磷石膏中杂质的存在形态及其分布估况研究述 [J]. 贵州大学学报，2009，26（3）：95-98.

[11] 杨敏. 磷石膏中的杂质及其利用探讨 [J]. 云南化工，2010，37（4）：37-39.

[12] 杨敏，钱觉时，王智，等. 杂质对磷石膏应用性能的影响 [J]. 材料导报，2007，21（6）：104.

[13] 彭家惠，万体智，汤玲，等. 磷石膏中的有机物、共晶磷及其对性能的影响 [J]. 建筑材料学报，2003，6（3）：221-226.

[14] 彭家惠，万体智，汤玲，等. 磷石膏中杂质组成、形态、分布及其对性能的影响 [J]. 中国建材科技，2000，12（6）：31-35.

[15] Manjit Singh. Effect of phosphatic and fluoride of phosphogypsum on the properties of selenite plaster[J]. Cement and Concrete Research, 2003, 33(9): 1363-1369.

[16] Rafael Perez Lopez, Jose Miguel Nieto, Israel Lopez Coto, et al. Dynamics of contaminants in phosphogypsum of the fertilizer industry of Huelva (SW Spain): From phosphate rock ore to the environment[J]. Applied Geochemisry, 2010, 25(5): 705-715.

[17] 中华人民共和国国家发展和改革委员会. 关于"十四五"大宗固体废弃物综合利用的指导意见 [EB/OL].（2021-03-24）[2024-03-25]. https://www.ndrc.gov.cn/xxgk/zcfb/tz/202103/t20210324_1270286.html.pdf.

[18] 陶文宏，付兴华，孙凤金，等. 改性磷石膏对复合水泥性能及水化机理影响的研究 [J]. 水泥技术，2007（4）：27-31.

[19] 白明科. 改性磷石膏对水泥凝结时间和强度的影响 [J]. 水泥. 2017（8）：20-22.

[20] 赵红涛，包炜军，孙振华，等. 磷石膏中杂质深度脱除技术 [J]. 化工进展，2017，36（4）：1240-1246.

[21] 冯恩娟，傅秀新，张伟，等. 磷石膏改性及其作水泥调凝剂的研究 [J]. 水泥，2016（12）：6-9.

[22] 谭明洋，张西兴，相利学，等. 磷石膏作水泥缓凝剂的研究进展 [J]. 无机盐工业，2016，48（7）：4-6.

[23] 潘群雄，张长森，徐凤广. 煅烧磷石膏作水泥缓凝剂和增强剂 [J]. 新世纪水泥导报，2003（5）：40-41，5.

[24] 杨淑珍，宋汉唐，杨新亚，等. 磷石膏改性及其作水泥缓凝剂研究 [J]. 武汉理工大学学报，2003（1）：23-25.

[25] 吴道丽. 磷石膏作为水泥缓凝剂的应用研究 [J]. 环境科学导刊，2008（6）：76-77.

[26] M A Taher. Influence of thermally treated phosphogypsum on the properties of Porland slag cement[J]. Resources, Conservation and Recycling. 2007(5): 28-38.

[27] Manjit Singh, Mridul Garg, S. S. Rehsi. Purifying phosphogypsum for cement manufacture[J]. Construction and Building Materials, 1993, 7(1): 3-7.

[28] Aki Altum, Yesim Sert. Utilization of weathered phosphogypsum as set retarder in Porland cement[J]. Cement and Concrete Research, 2004, (34): 677-680.

[29] 周丽娜，周明凯，赵青林，等. 不同改性处理方法对磷石膏水泥调凝剂性能的影响 [J]. 水泥，2007（8）：16-18.

[30] 吕洁. 改性磷石膏对水泥性能影响的试验研究 [J]. 水泥，2008（9）：4-6.

[31] 彭家惠，彭志辉，张建新，等. 磷石膏中可溶磷形态、分布及其对性能影响机制的研究 [J]. 硅酸盐学报，2000（4）：309-313.

[32] 杨敏. 杂质对不同相磷石膏性能的影响 [D]. 重庆：重庆大学，2008.

[33] 李萍，徐中慧，陈筱悦，等. 超细磷石膏作缓凝剂对水泥基材料性能的影响 [J]. 中国粉体技术，2018，24（6）：43-47.

[34] 刘娜，陈晴，党玉栋，等. 磷石膏部分分解制备贝利特硫铝酸盐水泥的探究 [J]. 硅酸盐通报，2016，35（11）：3763-3769.

[35] 林克辉，吴锦锋，谢红波，等. 利用磷石膏生产复合硅酸盐水泥 [J]. 广东建材，2010，26（6）：35-38.

[36] 吴秀俊. 用磷石膏生产水泥熟料的试验研究与技术探讨 [J]. 水泥，2010，9（1）：1-7.

[37] 张杭，马丽萍，胡建红，等. 不同分解工艺下磷石膏分解制水泥熟料的 LCA 研究 [J]. 材料导报：纳米与新材料专辑，2013（1）：302-305.

[38] Suresh K, Kuchya M, Chowdhury S, et al. Preparation of Portland cement from waste phosphogypsum[C]. The 14th International Congress on the Chemistry of Cement ICCC, 2015.

[39] 李伯刚，朱运新，余小龙，等. 用磷石膏制轻集料混凝土砌块 [J]. 磷肥与复肥，2017，32（11）：34-35.

[40] 张利珍，张永兴，张秀峰，等. 中国磷石膏资源化综合利用研究进展 [J]. 矿产保护与利用，2019，

39（4）：14-18.

[41]　邓林. 磷石膏两步转化制备硫酸钾工艺研究 [J]. 硫磷设计与粉体工程，2015，（4）：18-22.

[42]　郑伟，周鸿燕. 磷石膏一步法制备硫酸钾工艺研究 [J]. 新乡学院学报，2012（2）：128-130.

[43]　刘晓红. 磷石膏制硫酸钾中试研究 [J]. 环境工程，2004，22（4）：76-78.

[44]　孔祥琴. 浅述利用磷石膏制硫酸铵生产工艺及发展前景 [J]. 贵州化工，2013，38（1）：15-16.

[45]　杨毅，吕玉涛. 磷石膏制硫酸铵副产石灰装置运行实践 [J]. 硫酸工业，2014，（5）：17-20.

[46]　Conceiccedil M D, Carvalho O S, Nascente A S, et al. Limestone and phosphogypsum effects on soil fertility, soybean leaf nutrition and yield[J]. Academic Journals, 2014, 9(17): 1366-1383.

[47]　Chmd C, Crusciol C. Long-term effects of lime and phosphogypsum application on tropical no-till soybean-oat-sorghum rotation and soil chemical properties[J]. European Journal of Agronomy, 2016, 74: 119-132.

[48]　周富涛，石宗利. 磷石膏路基材料的实验研究 [J]. 中国建材科技，2014，23（4）：49-52.

[49]　沈卫国，姜舰，张丽，等. 磷石膏改性二灰路面基层材料的性能研究 [J]. 公路，2008（1）：141-145.

[50]　沈卫国，周明凯，查进，等. 磷石膏二灰基层材料配合比设计方法研究 [J]. 武汉理工大学学报，2005（10）：23-26.

[51]　刘毅，黄新. 利用磷石膏加固软土地基的工程实例 [J]. 建筑技术，2002（3）：171-173.

[52]　杜婷婷，李志清，周应新，等. 水泥磷石膏稳定材料用于路面基层的探究 [J]. 公路，2018，63（2）：189-195.

[53]　张厚记，宗炜，郑武西，等. 工业固废磷石膏复合稳定基层材料研究 [J]. 武汉理工大学学报，2021，43（12）：7-12.

[54]　李夏，唐浩. 水泥稳定磷石膏基层材料力学性能研究 [J]. 科学技术创新，2021（22）：125-126.

[55]　李飞，卢廷浩. 磷石膏加固软土的试验分析与应用研究 [J]. 工程勘察，2003（4）：8-10.

[56]　李玉华，徐风广，吴华明. 磷石膏对石灰粉煤灰公路基层性能的影响 [J]. 新型建筑材料，2002（7）：7-8.

[57]　徐雪源，徐玉中，陈桂松，等. 磷石膏－粉煤灰－石灰－黏土混合料的干缩试验研究 [J]. 中南公路工程，2006，（4）：113-114.

[58]　纪小平，代聪，崔志飞，等. 固化剂稳定磷石膏路基填料的工程特性研究 [J]. 中国公路学报，2021，34（10）：225-233.

[59]　余琼粉，宁平，杨月红. 磷石膏的预处理及其资源化途径 [J]. 江西农业学报，2008，20（2）：109-111.

[60]　姜洪义，刘涛. 磷石膏颗粒级配、杂质分布对其性能影响的研究 [J]. 武汉理工大学学报，2004，（1）：28-30.

[61]　顾青山，林喜华，赵士豪，等. 不同预处理工艺对磷石膏性能的影响 [J]. 无机盐工业，2022，54（4）：17-23.

[62]　查进，周明凯，沈卫国. 水泥稳定磷渣碎石基层材料的研究 [J]. 公路，2004（12）：186-189.

[63]　Shen W, Gan G, Dong R, et al. Utilization of solidified phosphogypsum as Portland cement retarder[J].

Journal of Material Cycles and Waste Management, 2012, 14(3): 228-233.

[64]　Weiguo Shen, Mingkai Zhou, Qinglin Zhao. Study on lime-fly ash-phosphogypsum binder[J]. Construction and Building Materials, 2007(21): 1480-1485.

[65]　贺行洋，王庭苇，苏英，等. 磷石膏激发磷渣 – 矿渣 – 水泥复合胶凝材料体系的性能研究 [J]. 混凝土，2020（1）：119-122，130.

[66]　杜婷婷，李志清，周应新，等. 水泥磷石膏稳定材料用于路面基层的探究 [J]. 公路，2018，63（2）：189-195.

[67]　张晓乔. 磷石膏基路面基层材料的组成设计与性能研究 [D]. 武汉：武汉理工大学，2019.

[68]　Degirmenci N. Utilization of phosphogypsum as raw and calcined material in manufacturing of building products[J]. Construction and Building Materials, 2008, 22(8): 1857-1862.

[69]　郝东强. 沥青路面半刚性基层结构研究 [D]. 武汉：武汉理工大学，2005.

[70]　赵德强，张曷榴，朱文尚，等. 道路基层复合胶凝材料的性能调控 [J]. 建筑材料学报，2020，23（5）：1137-1143.

[71]　周明凯，张晓乔，陈潇，等. 水泥磷石膏稳定碎石路面基层材料性能研究 [J]. 公路，2016，61（4）：186-190.

[72]　瓦浩. 磷渣（磷石膏）路面基层材料的应用研究 [D]. 重庆：重庆交通大学，2009.

[73]　孟维正. 改良磷石膏钛石膏路用性能的研究 [D]. 四川：西南交通大学，2020.

[74]　张英富，童红明，沈卫国，等. 废石膏粉煤灰石灰结合料的研究 [J]. 建材世界，2009，30（5）：45-47，59.

[75]　谭明洋，相利学，李国龙. 磷石膏在道路工程应用的研究现状 [J]. 广州化工，2016，44（8）：37-38.

[76]　徐方，李恒，孙涛，等. 过硫磷石膏矿渣水泥路面基层材料微观结构及力学性能 [J]. 建筑材料学报，2022，25（3）：228-234，277.